仏教の身体技法

止観と心理療法、仏教医学

影山教俊

国書刊行会

仏教の身体技法　止観と心理療法、仏教医学／目　次

第二章　『天台小止観』と自律訓練法の比較 53

目次

第四章　天台止観にみられる身体観　145

目　次

プロローグ

○日本人の宗教的な気分について

　文化庁統計（平成七年十二月三十一日現在）によれば、日本国内の全宗教団体（寺社教会など）の総合計は二三万団体で、その各団体の教師総数（神職僧侶牧師など）は六八万二〇〇〇人である。そして、その宗教団体の信徒数の総合計は二億一六〇〇万人となっている。国勢調査による日本の総人口がおよそ一億二八〇〇万人というから、計算上では一人の日本人がおよそ一つ以上（一・六九）の宗教団体に入信していることになる。これは宗教教団に入信して、その後に脱会している信徒をそのまま計上していることもあるが、おおよそ一人が重複して宗教に関わっていることを物語っている。

　この文化庁のデータはだいぶ古いものだが、あえてこだわらなかったのは、日本ではこの種の統計はあまり変化がないからである。各教団が届け出ている数字、その宗教団体の教師総数（神職僧侶牧師など）は別として、その団体の信徒数については、以前からそのような数字で届け出ているので信憑性に欠ける嫌いがある。それは、古い宗教年鑑でも繰ってみれば、即座に納得していただけるだろう。

ところで、このような日本人が出張や旅行で、毎年およそ一六〇〇万人以上が海外へと出かけているが、旅先などで「あなたはどこの国の人か、そして、あなたの宗教は何か？」と問われたとき、いつもの感覚で「いやー、とくべつに宗教なんてもってません（無宗教です irreligion person）」と答えた途端、よそよそしくされたり、そこまで極端ではないが、いぶかしい顔をされた経験をおもちの方もあるはずである。なぜなら、日本は世界でも有数の文化国家であるにもかかわらず、実は諸外国からは宗教的には曖昧な国民とみなされているのである。

宗教に対して曖昧な国民というニュアンスは、それが「善いか悪いか」ということではなく、宗教という言葉のもつ重さが違うのである。たとえば、いま私たちが日常使っている宗教という言葉は、明治時代になって「religion」という外来語の訳語として用いられたもので、そもそも宗教という言葉が江戸時代まで意味していたものは、仏教についていえば、真言宗とか、天台宗とか、各宗派の教えだったのである。現代では宗教のなかの仏教という感覚だが、以前は仏教のなかの宗教という感覚だったのである。

要するに、現代の私たちが日常使っている宗教という言葉が意味するものと、諸外国、とくにキリスト教文化圏で使われている宗教（religion）という言葉が意味するものが異なっているということである。また、同じように宗教という言葉を使いながらも、日本人の感覚には、キリスト教文化圏のような唯一絶対の神への信仰、「この神さまだけしか拝みません」というニュアンスはないのである。

それればかりでなく日本人の感覚はといえば、十二月二十四日のクリスマス・イヴの夜になれば、多くの家庭ではキリスト教徒でもないのにクリスマス・ツリーを飾り、クリスマス・ケーキを買って家路を急ぐ父親の姿がみられ、若きカップルたちはこの晩を特別なデートの宵として過ごそうとするなど、そこにあるものは宗教に対する曖昧な感覚どころか、宗教行事ですら自分たちの気分で利用できるご都合主義そのものである。

それから一週間もすれば年越しの大晦日である。家族みんなで近くの仏閣へと詣でては、行く年来る年を過ごし、この一年はいろいろな煩悩になやまされたとばかりに、百八つの煩悩を除夜の鐘で供養する姿がある。これは、まさに仏教徒である。そして、翌朝になれば神社へと初詣でへ、これぞ日本人とばかりに羽織袴、あでやかな着物姿になって、お賽銭をなげて、形ばかり柏手を打ちお辞儀をする。この新年のすがすがしい気分を味わわなければ、年明けの気分にならないのである。

これは特別のことではなく、年末年始のごく一般的な日本人の行動であって、キリスト教から仏教徒へ、そして神道へと、なんの抵抗もなく行われている宗教のはしごである。それればかりではなく、一つの家庭であっても、お祖父さんはといえば、早朝に起床し昇る太陽に向かって「二礼二拍手一拝」の作法で朝を迎え、お婆さんは戦後生まれの新興宗教に心酔して毎朝仏壇で法華経を読誦し、先祖霊ばかりでなくその家にまつわる畜生霊までも供養する。また、その娘や息子たちはといえば、踊るシヴァ神がプリントされたTシャツを着こんで、十字架を刻んだペンダントやピアスで身を飾っている。それでいて、なんの矛盾もなく家族としての家庭生活が営まれているのである。

宗教という言葉が唯一絶対の神への信仰というニュアンスのキリスト教文化圏の人びとには、この日本人の宗教のはしごや、家族のなかでいろいろな信仰もどきが同時に行われている曖昧な感覚が理解できないのである。

いや、理解できないどころではなく、この日本人の曖昧な感覚こそが、キリスト教をして日本への伝道をもたらしたといえる。たとえば、フランシスコ・ザビエルがインドから日本へと伝道の旅に出た理由は、インドネシアのマラッカで貿易商を営んでいた日本人のアンジロウ(洗礼名パウロ・デ・サンタ・フェ)がキリスト教文化に従順であったということと、そのアンジロウが日本ではキリスト教に改宗する機が熟していることを保証したからだという(P・ミルワード『ザビエルの見た日本』講談社学術文庫)。

ザビエルは日本人アンジロウに、日本人の信仰に対する曖昧な感覚を見たのであり、キリスト教文化をもたない者は野蛮人、キリスト教文化こそ唯一人倫の文化であるとするザビエルは、日本にキリスト教を伝道することで、日本人の信仰に対する態度を改めさせ、外来語の「宗教」というニュアンスを根づかせようとしたのである。

しかし、ザビエルがキリスト教の伝道を開始してから、すでに四五〇年の歳月が流れているが、私たちにはいまだに唯一絶対の神というニュアンスはなく、あいかわらず宗教に対して曖昧な感覚のまま過ごしている。

こう考えると、日本人の神仏に対する信仰の背景に、唯一絶対の神への信仰であっても、鰯《いわし》の頭も信心からというような、八百万《やおよろず》の神といっしょくたにしていても、なんの矛盾も感じず、なんの違和感も持たずにいられる安定した気分が見えてくる。

きっと日本人にとっては、唯一絶対の神も、八百万の神も、それら複数の信仰対象は、すべて表層のものであって、そのもっと底のほうの深いところに、何か一つの共有性があると思われる。それこそ、外来語の「宗教」というニュアンス以前の共有性である。その共有される何かによって、日本人はいろいろなものをいっしょくたにかかえていても、なんの矛盾も感じず、違和感も持たないでいられるのであろう。

いや、現代では違和感も持たずにいられた、と過去形で表現すべきだろうか。十年前のあのオウム真理教の事件が起きた時点から、私は日本人がそれまでもっていた、いろいろなものをいっしょくたにかかえていても、なんの矛盾も感じず、違和感も持たないでいられた共有性、そういう情緒性が失われてしまったのではないかと危惧している。

○日本人の宗教的な感性の分岐点となったオウム真理教事件

オウム真理教事件は、日本人の宗教に対するある種の感覚、いろいろなものをいっしょくたにかかえていられる共有性や情緒性の分岐点になると思うので、一度この事件をふり返っておこう。

オウム真理教は一九八九年に東京都から宗教法人として認可されてからは、静岡県富士宮市に総本部をおき、日本全国各地に支部や道場を設置し、またロシアやスリランカなど海外にも支部をおいていた。信者は日本国内だけでも一万人以上存在していた。

そして、教団の信者たちは、在家信徒と出家修行者（サマナ）に分けられ、在家信者は通常の生活を行いながら、支部道場におもむいて修行したり説法会に参加し、ゴールデンウイークや夏休み期間に開かれる集中セミナーなどにも参加していた。また、出家修行者は出家時に全財産を教団に提供し（布施と称する）、その後の生活や修行のすべてを教団がまかなっていた。一九九五年当時の出家修行者は一七〇〇人ほどであった。

そして、その組織の特徴として、修行の達成度や、その精神性の階梯を示すものとして「ステージ」制度がもうけられ、組織立てができあがったのは一九九五年であった。その当時の出家者には、サマナ見習い、サマナ、サマナ長、師補、師（小師、愛師、愛師長補、愛師長、菩師、菩師長補、菩師長）、正悟師（正悟師、正悟師長補、正悟師長）、正大師などの各ステージが存在した。

師は「クンダリニー・ヨーガ」の成就者、正悟師は「マハームドラー」の成就者であり、仏教でいえば阿羅漢果に相応する。また、正大師は「大乗のヨーガ」の成就者と規定され、これらのステージにしたがって教団内での地位や役職などが定められていた。日本最年少で司法試験に合格した青山吉伸に代表されるように、オウム真理教の幹部は一様に高学歴であり、偏差値の高い大学の卒業者も多かった。

さて事件の経緯であるが、教団はその当初から奇抜な選挙活動などによって、若者たちの一部では注目を浴びていた。一九八九年十一月に起きた坂本堤弁護士一家失踪事件や、一九九四年六月に起きた松本サリン事件、一九九五年二月二十八日に起きた目黒公証人役場の仮谷清志さん拉致監禁事件等では容疑団体と目され、それ以降は警察から監視されていたのである。

検察側の主張によれば、一九九五年三月に、警察の全国教団施設の一斉捜査の内部情報を入手した松本（麻原）は、警察の目を逸らすために東京で大事件を起こすことを思いつき、地下鉄サリン事件を起こしたという。これによって、この事件はクーデターそのものではなかったようだが、それはクーデターまでの時間稼ぎではないかと考えられている。しかし、この事件によって、教団の事件関与の確信を深めた警視庁は、一九九五年三月二十二日に上九一色村の教団本部施設への強制捜査を行い、施設からサリンなどの化学兵器製造設備、細菌兵器設備、さらに毒ガスなどを散布するための軍用ヘリが見つかり、オウム真理教の特異な実態が明らかになった。

その後、事件との関与が指摘された教団の幹部クラスの信者がぞくぞくと逮捕され、東京地検は松本智津夫を十七件の容疑で起訴したが、そのうちLSD・メスカリン・覚醒剤・麻酔薬などの薬物密造に関わる四件については裁判の迅速化を図るため二〇〇〇年十月五日起訴を取り下げている。

教団代表であった松本智津夫（麻原彰晃）が、一九九五年五月十六日に山梨県上九一色村で逮捕されると、教団の幹部であった村岡達子が代表代行となっていたが、一九九五年十月三十日に東京高裁により解散命令を受け、オウム真理教は宗教法人としては解散させられたのである。

その後、一九九六年三月二十八日に東京地裁が破産法にもとづき教団に破産宣告を行い、同年五月に確定する。一九九六年七月十一日には公共の利益を害する組織犯罪を行った危険団体として、破壊活動防止法の適用を求める処分請求が公安調査庁より行われたが、同法およびその適用は憲法違反であるとする憲法学者の主張があったため、また団体の活動の低下や違法な資金源の減少が確認されたために、処分請求は一九九七年一月三十一日公安審査委員会により棄却されている。

さらに二〇〇〇年二月四日には、オウム真理教を母体として、前年に出所した上祐史浩を代表とする「宗教団体アレフ」が設立され、さらにアレフは二〇〇三年二月に「宗教団体アーレフ」と改称し、宗教団体として活動をつづけ、解散後十年をまたずに出家修行者一〇〇〇人をすでに回復し、その総資産は数億とも数一〇億とも推定されている（警視庁の広報誌「焦点」によるオウム真理教の実態等による）。

ここでながながとオウム真理教事件の一連の経緯にふれたのは、いままでの日本人の気分のなかには、宗教にかかわる者たちがこれほどの悪事をするという感覚はなかった、ということに気づいてほしかったからである。これまでの宗教にかかわる者たちの悪事といえば、せいぜい霊感商法にみられた「安物のツボに霊験がある……」というような詐欺行為、「霊力がある加持祈禱を受ければ……」「特別な修行をすれば霊感が具わる……」などの騙しのテクニックにとどまっていた。

また、世間的にも「ある宗教に入信して、家屋敷などの財産をすべて失った」という事実は、たしかにそれはその宗教が悪いとはいうものの、それはそのヒトの信仰の範囲ではないの、そのヒトの選択肢の一つではないの、という気分があった。要は、宗教などの霊験、霊力、霊感などに過剰にかかわるそのヒトの気分の問題だと感じられていたはずである。

これが日本人がそれまでもっていた、いろいろなものをいっしょくたにかかえていても、なんの矛盾も感じない、違和感も持たずにいられた共有性や情緒性だった。しかし、この現代社会を直視すれば、すでに現代人にとって宗教や信仰のタブーが破られているため、これまでの共有性や情緒性が崩れていることを認めざるをえない。

宗教や信仰のタブーが破られているとは、いままでごく当たり前のように神社仏閣で行われてきた宗教儀礼そのものが、以前は崇高でありがたく感じられていたものが、もはや崇高でなく、ありがたくなく映っている現実を示している。私たちの良心の声にしたがえば、すでに私たちの気分には、宗教的なことが崇高なもの、ありがたいものとは映っていないはずである。

たしかに現在でも、世間一般では葬儀の法要や年回忌日の追善供養が永々と営まれてはいる。しかし、そこでもタブーがすでに破られているために、寺院や僧侶方が素直にありがたいというわけにはゆかない。また、昨今は葬儀も寺院よりは葬祭場で行われる場合がほとんどであり、そのため葬儀費用は明朗会計で明細書までついてくる。一方で寺院へお布施の名目で支払われる葬儀料、もしくは戒名料はまことに不明朗会計であり、世間の目には「これは何かのまちがいではないか」と映っている。

そこである著名な僧侶が、「戒名などお金で売り買いするものではない」と、きわめて当然のことをテレビで喋ってしまったことがきっかけで、世にいう戒名問題が取り沙汰されることになった。伝統仏教の各教団では、その後もああでもない、こうでもないと、この戒名問題に対する珍問回答がくり返されているが、教団側がどれだけ宗教的でありがたそうな文言を探しだし列挙しても、世間ではすでにタブーが破られているので、お布施と呼ばれる戒名料は、不明朗会計であると感じてしまうのである。

卑近な例をあげてしまったが、まさにオウム真理教の事件は、日本人のもっていた宗教的なことはなんでもありがたく貴いという、そういう気分が崩れた分岐点なのである。

これまで日本人がもっていた、いろいろなものをいっしょくたにしていても、なんの矛盾も感じず、違和感も持たないでいられた共有性や、その情緒性とは、いったいどのような気分だろうか。それは、これまで日本人が職人芸として伝えてきた文化、伝承ごとのなかで培われてきた文化、師から弟子への師資相承の文化によって培われた「気分のあり方」であると、私は考えている。

まさに、それは気分（気）の文化ともいうべき伝承ごとに支えられた知の世界であり、現代の実用的なマニュアル化できる知のあり方からすれば、まことに理解しがたい知の世界だといえる。近ごろ、それは「臨床の知」と表現されている（中村雄二郎『臨床の知とは何か』岩波新書）。この伝承ごとの知の世界では、それを身につけるには弟子として師匠に仕え、その着衣喫飯にわたる日常のすべてを真似《まね》び（学ぶの古典的な言い方）、それもただ真似るのではなく、徹底して自分自身の自我を殺し謙虚になり、その滅私奉公によって自分のうちに師の姿を映すことで継承してきたのである。

これこそが伝承ごとにおける知のあり方であり、知識的に理解し解釈されるものではなく、あくまでも体験的な感性にもとづく知のあり方である。そこにあるものは、その伝承ごとをどう感じ、どう自分に映すか、その気分のあり方が問われているのである。実は日本人は「この伝承ごとをどう感じ、どう自分に映すか」という「おこない」を快・不快の気分のようなもの、これは曖昧模糊として聞こえるが、それは古来、気（気分）と呼ばれたもの、日本の伝承文化はこのような「気の感覚」とでも表現される感性によって伝えられてきたのである。

これこそが日本人の宗教に対する気分の背景であり、唯一絶対の神への信仰であっても、鰯の頭も信心からというように、八百万の神といっしょくたにしてしまっても、なんの矛盾も感じず、違和感も持たないでいられた共有性であり情緒性である。まさに物事を峻別し解釈し分類するのではなく、経験的に与えられた感覚をどう自分のなかに収めてゆくか、どのようにその全体を映してゆくか、それは自分自身の感性の課題としてすべてを統合してゆくという知のあり方だったのである。

○江戸時代と明治時代の文化の断絶

このような知のあり方を具体的に示せば、日本の養生医学を挙げることができるだろう。医学はいずれの国のいずれの時代においても最先端の文化であり、その国のその時代の文化のあり方は、医学によって知ることができるからである。ちなみに、『日本医学史綱要』によれば、江戸時代に出版された本のなかで第一のロングセラーとなった『養生訓』は、儒学者であり医家でもあった貝原益軒の死の前年、正徳三年（一七一三）に刊行されたもので、その『養生訓』という書名からも明らかなように、その時代の医学はまさに養生医学そのものであった。

この益軒の養生医学は本草学（漢方薬の名称とその効用を分類し処方する分野）を主とするもので、心身を休ませて健康をたもち活力を養う医学であった。また、益軒は中国の医書『本草綱目』をもととして宝永六年（一七〇九）には『大和本草』の大著を撰述している。

さて、このような日本の養生医学の文化は、古代中国の秦代から漢代（紀元前三二〇年〜紀元後二五〇年）にかけて集大成された医学書『黄帝内経』（『素問』『霊枢』）などにみられる陰陽五行説を基礎とする本草、薬性、鍼灸、養生、服石、房内、餌食などの養生法である。この養生医学の文化は、現代医学の実証的な知のあり方とは大きく異なり、経験的に与えられた感覚をどう自分のなかに収めてゆくか、どのようにその全体を映してゆくか、それは陰陽五行説によりながら、古来、気感（気分）と呼ばれる「その感覚」を自身の感性の課題として統合してゆく知のあり方だったのである（小川鼎三・富士川游『日本医学史綱要』1、平凡社東洋文庫）。このような伝承ごとにおける知のあり方によって、日本人は日本の文化を感じて、師は弟子にそれをどう伝えるか悩み、弟子はそれをどう自分に映すかに悩んできたのである。

しかし、このような日本文化は、明治時代にもっとも重要な転換が行われたために、伝承ごとにおける知のあり方は、じわりじわりと崩れはじめるのである。さきに「医学はいずれの国のいずれの時代においても最先端文化であり」といったが、江戸時代まで培われてきた陰陽五行説に支えられた養生医学の文化は、明治新政府によって払拭され、実証的な西洋の治療医学文化へと転換されたことで、日本文化は断絶の憂き目をみるのである。

とくに養生医学は、明治維新直後の廃仏毀釈に加えて西洋医学が導入採用されたために、医療の現場から、仏教とともに完全に排除されたのである。それまで世間の人びとは、病気になれば寺社に参拝して、陰陽五行説にもとづいた疾病観によって診療を受け、護符をもらい、加持祈禱をして病の回復を祈願していたのである。しかし、明治政府は明治七年六月に「医療・服薬を妨害する禁厭《まじない》・祈禱《おはらい》の取締」を実施し、寺社における医薬の販売、医療行為を禁じた。

また、西洋医学者によって「陰陽五行説にもとづいた疾病観や祈禱は迷信で愚者の行為である」と退けられてゆくうちに、それまで日本人が培ってきた感性の文化は、理性の文化へと転換され、日本人の感性は複雑に屈折したのである。

日本の医療文化史から眺めれば、陰陽五行説に支えられた日本の養生医学の文化は、明治政府により幕藩体制を支えた敵対文化として、一方的に西洋の治療医学へと塗り替えられたのであり、このような養生(保養)の文化から治療(健康)の文化へと転換したのが、明治十年(一八七七)の西南戦争あたりだという(安藤優一郎『江戸の養生所』PHP新書)。この時期を境として「伝承ごとをどう感じ、どう自分に映すか」という日本人の伝承文化の知のあり方から、知識的に理解し解釈する西洋の実証的な文化へと転換されてしまったのである。

そして、これ以降の日本人の伝承ごとにおける知のあり方は、現代までおよそ一四〇年の歳月をかけて徐々に変化しつづけ、さきのような、外来語の宗教という言葉のもつ重さや重要さを意識することとなく、唯一絶対の神への信仰であっても、八百万の神といっしょくたにしていられる共有性や情緒性という気分も、あのオウム真理教の事件が起きた時点では失われてしまったように見える。つまり、明治時代の文化の断絶からおよそ一四〇年かかって、「伝承ごとをどう感じ、どう自分に映すか」という日本人の伝承文化のあり方は完全に断絶し、ついには知識的に理解し解釈する西洋の実証的な文化のあり方、そのような知のあり方が日本人に定着したのである。この時点にいたって、もはや日本人は仏教などの古典的な文化を理解するすべを失ってしまったといえる。

さきに、ながながと一連のオウム真理教事件についてふれたのは、オウム真理教という宗教の特徴が、教祖麻原がわずか数年のヨーガ修行によって無師独悟したと豪語し、仏教のどの宗派だろうが、インドのヨーガだろうが、ヒンドゥー教のシヴァ神だろうが、自分に都合のよいものはトッピングして取りいれ、まるでそれはいろいろな宗教のごった煮の様相であったからである。麻原はそれでも憶さずに、自身をヴァジラヤーナ仏教と称していたが、はからずも、そこには多くの若者が集まりヨーガの修行にはげむ姿があった。その当時、私はその姿に痛々しさを感じていたことを記憶している。

私自身も行者として極限の修行に臨んだ経験があり、自ら選んで過酷な修行に挑戦する勇姿には賛嘆を惜しまないが、彼らのその姿には痛々しさを覚えざるをえなかった。なぜなら、それは彼らの修行への動機、曰く「ヴァジラヤーナこそ唯一絶対の修行法」というふれこみが、それまで日本人がもっていた共有性や情緒性とはまったく異質な、これこそ唯一絶対の宗教というものだったからである。そして、唯一絶対の教祖が指示をすれば、これまでの共有性やその情緒性が失われているために、その組織のためにはなんでもありで、殺人テロでも厭わないところまでいってしまったのである。

だが、冷静に戦後史をふり返ってみれば、このような傾向はオウム真理教以前にも確かにあったことに気づく。戦後生まれの新興宗教の展開をみていると、その布教教化の基本となる宗教的な「おこない」は先祖供養であって共通していても、その教義においては他者を否定して、自分が正しいという主張で終わる。「あの人の読んでいるお経より、このお経が正しいのである」というように、常に教義批判によって他者を否定するところから始まるのである。オウム真理教の「唯一絶対の教祖が指示をすればなんでもあり」というような、そこまで極端に共有性や情緒性を無視したものではないにしろ、それまでの日本人であれば「どのお経を読んでいてもありがたい、どのお経を読もうとも大きなお世話」であったものが、「そのお経は功徳が少ない、このお経のほうが功徳がある」というように感覚がずれてきていることに気づくのである。

このような共有性やその情緒性を失った感性のずれは、現代の仏教界にも如実に現われている。日本人は、伝承ごとにおける知のあり方によって日本の文化を感じてきたが、その知のあり方が断絶してしまえば、もともと師資相承によって伝えられてきた仏教などの古典的な文化も断絶せざるをえない。極論すれば、伝承ごとにおける知のあり方を失った仏教文化は、文献のなかの文言へとその姿を変え、知識的に理解し解釈する西洋の実証的な文化へとしてのみ現代に伝えられている。

しかし、そこでは「伝承ごとをどう感じ、どう自分に映すか」という日本人の伝承文化は断絶している。これが、現代の日本人が仏教などの古典的な文化を理解できない理由である。知識的に理解し解釈する文化とは理性の文化であり、「伝承ごとをどう感じ、どう自分に映すか」という日本人の伝承文化とは感性の文化であって、知のあり方が違うからである。

仏教などの古典的な文化はまさに感性の文化であるから、理性の文化によって知識的に理解し解釈された瞬間に、それらはすべて観念化されて身体性を失うという運命を背負うことになる。仏教などの感性の文化は、身体というセンサーを通じて、どう感じるか、どんな気分になるかを体験的に知るという、知のあり方からアプローチしなければわからないのである。感性の文化遺産は、あくまで感性の文化の知のあり方で知るべきであって、それを理性の文化で理解するのは、木に竹を接ぐようで似て非なるものだからである。さしずめ、感性の文化のキーワードは気分である。

実はオウム真理教の教祖、麻原彰晃が、「ヴァジラヤーナこそ唯一絶対の修行法」を多くの信者に信じこませることができたのも、この気分がキーワードなのである。オウム事件について識者の多くは、それを麻原の洗脳やマインドコントロールと理解しているが、麻原は自身の修行による宗教体験の気分（感性の文化）を現代の理性の文化で語ってみせたのである。

とくに彼らの修行のなかで目を引いたのは、彼らが頭に被っていたヘッドギアである。そのヘッドギアは何かといえば、それは単に脳波を測定するための医療機器の一部で、それを頭にかぶって脳波計に接続すれば簡便に脳波が測定できる代物である。しかし、オウムの出家信者らは、麻原尊師が最高の瞑想を成就した時に誘導されたアナログ・ウエーブの脳波を測定し、さらにデジタル化して数字に置きかえてパソコンに保存する。次にその保存された脳波信号をデジタル・アンプで増幅しマイクロボルト単位の電磁波としてヘッドギアから流すと、それをかぶって瞑想すれば、尊師の最高の瞑想を共有できると信じていたのである。実際の医学的な所見ではそのような有効性はないというが、多くのヒトはそのような理性の文化から身体性を付加して語られると、そこにリアリティーを感じてしまうのである。いわば、あのヘッドギアは感性の文化でいえば、お守りそのもの、おまじないそのものなのである。感性の文化のお守りにはありがたい仏教経典の文言が筆書きされていたものだが、そこでは古典的な感性が一掃されて、理性の文化を代表する医学や科学技術に置きかえられていたのである。このように麻原の解説にリアリティーを感じた若者たちの多くは入信し、そのリアリティーを共有すべく一心にヨーガの修行に励んだのである。ここではこれ以上論及しないが、その意図するところはおいおいご理解いただけるはずである。

○感性の文化と理性の文化のリアリティー

いま理性の文化を基軸にしながら感性の文化を引きこみ、仏教をそのままに理解したいといったが、私はそのような段取りで仏教を理解するとき納得のゆく気分になり、そこにリアリティーを感じるのである。つまり、これはいままで私が仏教学という仏教の観念的な理解からはじまり、仏教そのものを獲得するために歩んできた道のりそのものである。私のこのような気分のあり方は、自分史と切り離して考えることはできないので、なぜ私がそのような気分にリアリティーを感じるようになったのか、これからの理解を容易にするためにも自分史の一部をふり返っておこう。

当然のように、私にも人並みに向学心に燃えた時代があった。家庭的には恵まれていたと思うが、蒲柳な両親のもとに一人っ子として育った私は、いつの間にか〝生命とは何か、人生とは何か〟と、わけのわからない不安を抱いたまま青春時代を過ごしていた。ある日、このハッキリしない不安な気分の理由に気づかされた。それは高校三年の春、ふと図書館で手にした仏教書から、四諦八正道の教えを知ったからである。そして、そのまま大学・大学院を通じて仏教学を専攻することになる。専攻したのは仏教学であったが、その学び方は周囲とは少し異なっていたように思う。

仏教学的な意味で「仏陀の悟りとは何か」と問いかければ、その解釈には現存する経典群、もしくは諸宗派のその数だけ答えが存在することになるが、私は初期大乗経典の小品系般若経典群、とくにその空性理論を切り口に仏陀の悟りの研究に没頭していた。ちょうど修士課程の二年目で、寝食を忘れて文献整理に追われていたころである。気づけば食欲はなく、眠りも浅くなり、机に向かえば身体は汗ばみ、いいようのない不安感にさいなまれ、神経症のような状態になって苦しんでいた。

その時分の私には「抜苦与楽」を説く仏教を六年以上も学んだという妙な自負があったが、実際には哲学としての仏教は私の現実苦を癒してくれなかった。それから間もなく、私は学問としての仏教を捨て、宗教としての仏教を求めるべく、伝統仏教のある修行寺院（檀林）へと入林した。二十五歳の春のことである。その寺院での日課は、僧堂生活のイロハも知らない私にとって、先輩僧の指導のままに無我夢中で読経と掃除と粗食の毎日に明け暮れし、それについてゆくのが精一杯であった。しかし、その無我夢中の生活に耐えているだけで、気づけば三カ月もしないうちに、神経症のような状態で苦しんでいたことも忘れ、さらに二キロ以上も太り、心身ともに健康になっていたのである。私はその時、お釈迦さまの出家の動機が〝生老病死の四苦〟の解決にあったことに思いいたり、そのごく当り前の答えに妙に納得している自分に気づいた。

ヒトは修行によって悟りと呼ばれるある種の心理状態（宗教経験）に誘導されると、現実苦を恐れない実存的な心理構造が再構築される。そのころすでにアメリカの心理療法家のアラン・ワッツが指摘していたように、私はそこに仏教の修行法がもつ心理療法的な側面を見いだしていた。

その修行寺院ではそのまま随身生として四年間ほどの修養期間を過ごし、その間に修士論文を提出し僧侶となるべく僧階単位も履修して、二十九歳にして晴れて伝統教団の遅咲きの僧侶となった。その後も宗門の伝統的な修行法を伝承する修行機関（遠壽院荒行堂）へと入行したり、インドでヨーガ行に専念した時期もあったが、仏教を仏教学などの学問的な対象としてではなく、修行という「おこない」から切りこんでみると、新たなる展開のあることに気づいたのである。およそ仏教の機能的な側面とは、知識的な観念が生活の知恵へと変わり、知っている知識が「おこない」のうえで実践できることであると、その理解は深まっていった。とくに三十歳代から四十歳代にかけて、日蓮門下の修行機関（加行所）である遠壽院荒行堂へと入行し、五度の寒中一百日間の修行によって宗教体験を重ねることで、感性にもとづく知のあり方が明らかになってきた。それは修行中に自分自身が体験した、一種の光明体験や至高体験などをどう理解するかであった。これを仏教学や宗教学の範疇で理解しようとすれば、空海が求聞持法を修法し呪文を何万回も唱えているときの光明体験であったり、イエスの砂漠における誘惑体験であったり、マホメットの啓示体験などの有名な事例には事欠かない。しかし、それらの記述は求聞持法でいえば、真言陀羅尼をくり返し唱えることで三昧境に入ったときの体験といった程度で、体験そのもの意義を明らかにしてはいない。

私のこのささやかな体験をこれほど偉大な宗教者たちと並べて論じようとは思わないが、その体験は一百日加行もなかばを過ぎたころにやってきた。それは、中堂と呼ばれる読経三昧堂で夜九時ごろの読経中のことであった。千葉県の市川市中山であっても、真冬の十二月に暖房器具もなく、障子で仕切られただけの外気と変わらない夜の堂内は尋常な寒さではない。その寒さのなかでまず身体が熱くなり始め、やがて読経以外の体勢感覚が消えてゆく、意識的には存在するが身体的な感覚がほとんどない状態になったとき、パッと閃光に照らされて意識を失ったようだ。それは体験的には一瞬間に何か大きな存在が、私のなかに入りこんできたような衝撃であった。それ以後は身体の感覚はないものの、とても快い感じとなり、意識がハッキリとしたときにはそのままその場に坐っていた。たしかに、この体験は文献的にいうと光明体験なのだが、光明の体験という言葉だけでは、その言葉と身体が対応していないために、まったくその意味がわからない。そこで、この体験に身体性を付加すれば、医学的な理解が可能であると気づいた。

現代医学の知見によれば、マホメットの啓示体験はまさに癲癇様の発作を想定することが妥当だという(小田晋『東洋の狂気史』思索社)。私の場合はといえば、その後の精密検査では気質的な問題はないので病的な発作ではなく、真性癲癇（原因不明のもの）の疑いは残るものの、それは宗教行為による体験（宗教体験）であると考えられる。そのメカニズムを現代医学から解説すれば、次のようになる。

まず修行法とは、修行者が意識を身体や呼吸などの身体的な要素に集中することで、意識の中枢である大脳皮質の前頭連合野を活性化させることである。すると、身体の感覚器官を通じて大脳へと伝えられる体勢感覚などの外部情報が遮断されるために、前頭連合野の働きが単純化され、意識は理性的な領域から感性的な領域へと切りかわる。これを変性意識状態（Altered State of Consciousness）、または瞑想状態と呼び、この状態が誘導されていれば、脳波はおよそリラックスしているときに測定される一秒間に八回から一二回ほど振動するαベースが、脳全体へと同期しながら広がってゆく。そして、その状態が維持されているとき、通常脳波計が示す値は二〇～三〇マイクロボルト（一／一〇〇万ボルト）の電位をみせているが、それが一二〇～二〇〇マイクロボルトの高電位をみせることもあり、場合によってはこの高電位の脳波が頭頂を中心に広がり、それが癲癇様の発作のようにスパークすると、脳内の電気的変化によって光明体験がもたらされるのである。つまり、光明体験は、修行法によって意識集中が行われて深い変性意識状態（瞑想状態）が誘導されたときの大脳の生理学的な反応であると理解できるのである。光明体験は、高い意識集中によって、深い瞑想状態に誘導されたことを物語っている。

この宗教体験を境にして、私のリアリティーは大きく変化してしまった。これまでの文献にもとづく観念的な理解から、光明体験の言葉に身体性が付加されていたように、観念的な言葉であっても身体性が付加されていれば、実際には宗教体験のない傍観者にも理性の文化を基軸にしながら、体験などの感性の文化の理解が可能になると気づいたのである。私はこのように宗教体験という感性の文化を、理性の文化で解説するところにリアリティーを感じているのである。おそらく、このリアリティーの感覚こそ、現代の日本人が長いあいだ不問にしていた感性の文化を理解する方法だと思う。これから、現代の私たちの考え方を支えている理性の文化を基軸にしながら、そこに感性の文化を引きこみ、いままで私が仏教を理解し、解説するときに悩んできた軌跡をふり返ってみたい。これこそ現代人が共有できるリアリティーの感覚であり、仏教などの感性の文化を現代理性の文化のなかで理解できる道だと思う。まさに感性の文化のキーワードは気分であり、それは身体性に支えられているのである。

○アカデミックに感性の文化を理解するために

さて、これまでどのようにしたら感性の文化を壊さず理性の文化によって理解できるかを私的体験をもとに語ってきたが、これらを現代理性の文化にもとづく諸学をふまえ具体的に論じてみたい。まず、仏教用語に身体性を付加しながら仏教を概観することから始めよう。

仏教の起源を問えば、周知のように、その起源はおよそ二五〇〇年前に遡ることができる。それは釈迦族の王子として生まれたゴータマ・シッダールタ（Gotama-śiddhārtha）が、この娑婆（Sahā 忍土）と呼ばれる世間を生きるうえで誰もが経験する生老病死の四苦を解決しようと試みたところから始まる。ゴータマは当時著名なヨーガ行者であったアーラーラ・カーラーマ仙人とウッダカ・ラーマプッタ仙人に師事し、その教えに従って梵行（brahma-caryā）に専心して深い瞑想体験をしたが悟れなかった。さらには、悟りをさまたげる欲望は「肉体の働きから起こる」とする苦行の道をえらび、肉体を苦しめることによって心の平静を得ようとした。仏伝によれば、「一日に一粒のゴマや米などで身体を養い、また何日間も食事どころか水までも断ち、長時間息を止めて瞑想するなど『極度の難行』をした」という。しかし、六年間の苦行の末、ゴータマはこのままでは身も心も衰えるばかりで、とても悟ることはできないと気づき、それまでの苦闘の垢を尼連禅河（Nairañjanā）で洗い落とし、村娘のスジャーターから乳粥の供養を受け、元気を取り戻した。

そして、ついに苦行を捨て菩提樹下に瞑想すること七日間、無上正覚（anuttara-samyak-saṃbodhi）と称せられる悟りの境地に到達し、そのときゴータマは生死の根本苦を克服し絶対的な安心を体験したのである。これによって釈迦族の聖者、釈迦牟尼（Śākya-muni）と称せられた。まさにお釈迦さまのこの宗教体験によって仏教は始まったのである。この意味で仏教とは「心も身体も楽になったお釈迦さまの、楽になるための教えと、楽になるための方法」であり、それは四苦八苦（生老病死・怨憎会苦・愛別離苦・求不得苦・五陰盛苦）を解決する方法として機能していたのである。

また、このお釈迦さまの悟り（宗教体験）を仏教学から眺めれば、無分別（nirvikalpa）の体験によって、無分別智（nirvikalpa-jñāna）を獲得したことになる。この無分別の体験は、分別（vikalpa）と呼ばれて、通常私たちが自分と呼んでいる意識と対比されるもので、それは自分の意識のなかに去来する何ものかを分析するという概念化の過程を離れた、無分別の状態をさしている。死をつかまえて、死とは何か、死後はどうなるのかと、分別して概念化することは、その過程自体が自身を死の恐怖へと誘う煩悩（kleśa）なのだから、この分別の状態を離れて、無分別の状態を体験することが仏教の目的になる。機能的にいえば、それは生死の現実を分別していない身体的な（身心）状態をさしており、その状態は三昧（samādhi）と呼ばれるものである。この三昧の状態は「からだ」を通じた身体技法の修練によって誘導されるもので、釈尊はその身体技法によって大脳前頭野（理性脳）の思考による分別を離れて、右脳（感性脳）を中心とする感覚的な思考よって無分別の状態を体験した。その体験によって身体に起因する生老病死の四苦を離れ、純粋な精神性の本質を体験的（感覚的）に知ったのである。

ところが、このような仏教を理解しようと、仏教学へと目を向ければ、その趨勢は純粋理性による哲学的な思惟であって、まさに理性の文化そのもの、その思惟の対象となるのは観念的な意識の内容である。つまり、現代の仏教学は、仏教のもつ哲学的な側面を明らかにすることはできるとしても、悟りは「からだ」を通じた身体技法の修練によって誘導された三昧状態による体験であり、無分別の状態を獲得した結果なのだから、そのような仏教の機能的な側面を理解するためには、はなはだ不都合といえる。

なぜなら、思惟の対象となるものは観念的な意識の内容であって、その言葉が具体的な身体性と対応していないからである。さしずめ現代の仏教学は身体性を喪失した理性の文化の産物であるため、釈尊の悟りばかりではなく、その悟りにつながる三昧の状態に誘導する修行法の作法とその実際までも、適正に理解するすべを探しあぐねているのである。

一言つけ加えれば、もともと仏教の学問所は檀林と呼ばれ、そこでは自宗の教義や経典を学ぶ宗乗と他宗のそれを学ぶ余乗が義務づけられ、その一方で僧堂における着衣喫飯の修養生活が行われていたために、学んだ観念的な知識に身体性が付加されて宗教的な情操が育っていたのである。

しかし、明治時代になって欧米の大学を範として帝国大学令などが施行されると、檀林に蓄積された宗乗や余乗などの古典的な知識は大学教育へと移譲されたため、そこで知識と僧堂の修養生活が分離したために知のあり方が変化してしまったのである。ここに、現代の仏教学が仏教を適正に理解できなくなった要因がある。

すこし脇道にそれたが、このように仏教学が仏教を適正に理解できない理由は、哲学的な思惟と具体的な身体性が対応していないからである。ならば、仏教を適正に理解しようとするなら、この身体的、精神的な営みを同時に理解する方法を探ればいいということになる。

ここで、理性の文化にもとづく現代の諸学へと目を向ければ、心と身体を同時に理解しようとする生理心理学などの行動科学の方法を挙げることができる。いままで釈尊の悟りという宗教体験は、仏教学などによって哲学的な観念として扱われてきたが、実はその宗教経験は身体的、精神的な営みとして追究することもできる。宗教経験は個人の生理学的、心理学的な現象としての身体境界（身体性）であるから、十分に行動科学の研究対象となりうる。

とくに東洋思想の哲学的な特徴が、その理論体系の基礎に「修行」が前提されて、真の知というものが単なる理論的思考によって得られたのではなく、私たちの心と身体の全体をもって「体得」し「体認」した結果であると指摘されている。この意味で「修行」は心と身体をもって真の知を体得しようとする実践的試みであるから、修行法の生理心理学的な研究は、伝統的な仏教思想の形而上学的特徴に即した研究態度なのである（湯浅泰雄『叢書 身体の思想4 身体』創文社）。

くり返すが、そもそも仏教思想の大前提は釈尊の宗教体験であり、その体験は修行法によって誘導されたのである。この修行法を生理心理学的に解説することができれば、仏教のもつ観念的な思想性と、それを支える身体性が同時に理解でき、仏教の実際が具体的に理解できるのである。

第一章　修行法を現代の諸学から理解する試み

ずいぶんと長いプロローグになったが、その過程は私が仏教学という仏教の観念的な理解の段階から、仏教そのもの、仏教の機能的な側面を理解しようとして悩んできた道のりである。また、それは私自身が宗教体験によって仏教的な知識に身体性を付加するための道のりだったのである。そして、この道のりの一つひとつを具体的に論じようとするとき最初に問題となったのは、仏教の修行法を理解するには、修行法のオリジナルとなるものを規定する必要があるということである。それは、修行法が行住坐臥（行くこと、止まること、坐ること、臥すこと）の違いにより、多くの作法とその実際が併存していたばかりではない。それどころか、それらの修行法は各宗派によって独自性を誇りながら発展してきたため、その修行法の体系化すら俎上に載っていなかったからである。

およそ世間では僧侶とお経はつきもので、とくに葬儀や法事の法要では宗派によって異なるが、必ずなんらかのお経が追善供養のために読誦され、そこに弥陀の名号がお念仏として唱えられたり、法華経の経題（南無妙法蓮華経のお題目）が唱えられたりする。場合によっては、そこでご詠歌と称して和讃が詠じられたり、また梵歌としての声明が奉じられたりする。

そして、禅寺であれば当然のように坐禅の瞑想にいそしむ姿がそこにあり、またその坐法は同じでも、じつは観想念仏の瞑想をしている場合もある。近ごろはスリランカやミャンマーのテーラワーダ仏教の歩行禅などが紹介されたため、歩きながらの瞑想を学ぶ若者や、また都心のフィットネス・クラブでは、ヨガ・マットをひいてヨガ体操・ヨガ瞑想までこなすオフィス・レディもいる。

このように、お経を読誦することから、お念仏やお題目を唱えること、和讃や声明を詠じること、坐禅をすること、仏のイメージを観想すること、歩きながらの瞑想からヨガの瞑想まで、みなそれぞれ修行法の一つなのだが、いったい何をもって修行と称するか統一的な理解がなされていないのである。

そこで、私は『摩訶止観』『天台小止観』にみえる「止観業」を修行法のオリジナルと位置づけ、併存する多くの修行法の統一的な理解を試みた。およそ仏教史上ではインド、中国、日本の三国を通じて、天台大師智顗《ちぎ》（五三八〜五九七、天台宗の開祖）が撰述した『摩訶止観』と『天台小止観』の両書は、仏教の修行法を代表する坐禅の作法とその実際を解説する指導書のなかで、これほど精密に整理され体系づけられた坐禅儀は類をみないばかりか、禅宗の各門流において作られた各種の坐禅儀や修証儀も、諸宗の章疏において坐禅の作法を解説するうえでも、常にこの『天台小止観』が引用され踏襲されるほど優れているからである（岩波文庫『天台小止観』五頁、以下『天台小止観』と略記）。

さらに、日本天台宗では修行法を止観業と呼んで『摩訶止観』にみえる四種三昧を実習するが、そこでも坐禅の具体的な作法については『天台小止観』のほうがより実際的で詳しいために、作法とその実際は『天台小止観』の解説に従い、また止観業の実習による心の進化（証悟）を計るには『摩訶止観』の解説に従うほど、この両書は坐禅の作法とその実際を解説する指導書のなかで重要なものだからである（同、二一二頁）。

これらの理由によって、『摩訶止観』『天台小止観』の両書にみえる止観業の作法とその実際を修行法のオリジナルと位置づけ、そこから併存する多くの修行法の統一的な理解を試みたのである。これから、その試みを明らかにしてゆこう。

1　証悟を解説する『摩訶止観』にみる修行法のオリジナル

まず証悟とは何かといえば、この『摩訶止観』には修行による心の変化が詳細に解説されており、悟り（宗教体験）の階梯のことである。この『摩訶止観』の第一章「止観の大意」では、修行法とは三昧の状態に誘導するもの、心身の統一された状態を導き出す方法であるという。さらに精読すると、天台はいとも明快に「修行法とは三昧の状態に誘導するもの」と規定し、この三昧（samādhi）の状態へと誘導する作法を常坐（坐禅）・常行・半行半坐・非行非坐の四つに分類して（四種三昧）、それまで行住坐臥の作法の違いと各宗派の独自性によって併存していた多くの修行法を四つの作法へと集約していることがわかった。六世紀に生きた中国仏教を統摂し天台教義を樹立した修禅僧の天台大師は、すでに一四〇〇年前に冷静な目で併存する多くの修行法の統一的な理解を試みていたのである。

「行法は衆多なるも、略してその四をいう。一には常坐、二には常行、三には半行半坐、四には非行非坐なり。通じて三昧と称するは、調直定なり。大論にいわく、『よく心を一処に住して動ぜざる、これを三昧と名づく』と」（『摩訶止観』上、七二頁）

これをみてわかるように、私が止観業を修行法のオリジナルと位置づけるまでもなく、すでに天台は大著の『摩訶止観』のなかで、修行法の統一的な理解にもとづき自分自身の修行法を解説している。詳細は後述するが、この四種三昧（修行法の四つの作法）を理解するため、この天台の止観業の実習について概説しよう。止観業の「止」とは意識を身体的な要素へと集中することであり、「観」とは意識を精神的要素へと集中することである。そして、天台はこの

「止」と「観」の作法を適宜に用いて三昧の状態に誘導しようというのである。さきの四種三昧（四つの三昧）とは、修行者が立っているとか、坐っているとか、歩いているとか、止まっているとか、声を出しているとか、いずれの状況であっても、止観業の実習によって三昧の状態に誘導する作法の相違を示しているのである。これら四つの三昧の状態へと誘導する四つの作法を具体的に解説すれば次のようになる。

○常坐三昧とは、坐ったままの姿勢（常坐）で止観業を実習することだという。簡単にいえば、じっと坐って止観業を実習することで三昧に誘導することである。

「文殊説・文殊問の両般若（経）に出《い》ず。名づけて一行三昧となす（中略）常坐を開し、行、住、臥を遮す。（中略）ただ専ら縁を法界に繋《か》け、念を法界に一《ひとし》うす。繋縁はこれ止、一念はこれ観なり」（同、七二～七四頁）

○常行三昧とは、全身全霊を傾けて、阿弥陀仏や釈迦仏などの諸仏諸尊を礼拝する行為そのものに止観業を実習することだという。簡単にいえば、ある目的をもった行為そのものへと止観業を実習することで三昧に誘導することである。

「この法は般舟三昧経に出ず。翻（訳）じて仏立（三昧）となす。（中略）常行を開す。（中略）

身に常に行《あゆ》んで休息することなく、九十日、口に常に阿弥陀仏の名を唱えて休息することなく、九十日、心に常に阿弥陀仏の名を念じて休息することなかれ。（中略）唱念あい継いで休息することなかれ。（中略）要をあげてこれをいわば、歩歩、声声、念念、ただ阿弥陀仏にあり」（同、七七〜七八頁）

○半行半坐三昧とは、坐していても、立っていても、歩んでいても（坐立行）の作法のなかで、経文を読み、暗唱し、思惟すること、経文読誦の音声そのものに止観業を実習することだという。簡単にいえば、経文読誦の音声そのものへと止観業を実習することで三昧に誘導することである。

「これは二経に出ず。方等にいわく、『旋《めぐ》ること百二十匝《そう》にして、却《しりぞ》いて坐して思惟す』と。法華にいわく、『その人、もしは行《あゆ》みもしは立ちてこの経を読誦し、もしは坐してこの経を思惟せば、われ六牙の白象に乗りてその人の前に現ぜん』と。故に知んぬ、ともに半行半坐をもちいて方法となす」（同、八二頁）

○非行非坐三昧とは、日常生活の行為全般へと止観業を実習することだという。簡単にいえば、見返りを求めない、無為の行為そのものへと止観業を実習することで三昧に誘導することである。

「上は一向に行・坐を用う。（中略）実には行・坐および一切のことに通ず。しかして南岳（大）師は呼んで随自意（三昧）となす。意起こるにすなわち三昧を修するなり」（同、八八頁）

このように天台は、修行法とは三昧の状態に誘導するものであると規定し、そこから行住坐臥の違いによって存在する多くの作法を四つに分類しているのである。さらには、このなかの常坐三昧を一行三昧と呼び、常坐の三昧が修行法の基本となること、修行法のなんたるかを知るには、まずはこの常坐三昧の理解が必要だというのである。

「名づけて一行三昧となす。（中略）常坐を開し、行、住、臥を遮す」（同、七二〜七三頁）

ところで、いま天台は修行法とは三昧に誘導するものと規定したが、その三昧の状態とはどのような状態をさすのか、仏教という思想の大前提となる宗教体験（三昧）がどのようなものなのか、さらに『摩訶止観』に聞いてみれば、いままでとは大いに違ったニュアンスで修行そのものがみえてくる。そもそも、天台はこの『摩訶止観』を「大師の己心中の所行の法門」といい、自分自身の修行体験を心理学的に解説したものだという。その第七章「正しく止観を修す」では、修行による三昧の体験を次のように語っている。

私たちの眼前にある現象世界（諸法）は、実に私たちの純粋な精神世界（識陰）の産物なのである。もしこの純粋な精神世界を体験しようとするならば、修行法（止観業）によって丈を去って尺、尺を去って寸に就くように、私たちの心身を構成する五陰（pañca-skandha 人間の肉体と精神を構成する五つの集まり）、色陰（肉体的要素）・受陰（感受機能）・想陰（表象機能）・行陰（意識の統合機能）・識陰（意識の認識作用）の五つの要素のなかで、とくに身体的な要素である色陰から受陰・想陰・行陰と徐々に離れてゆき、最終的には三昧の境に入って身体的な要素を超えて、純粋な精神世界（識陰）そのものになることが必要である。

修行によって体験される純粋な精神世界そのものは、実は私たちの無意識の世界（不可思議の境）のことだから、日常私たちが自分であると認識している意識（思議の境）から、それを理解するのはむずかしいのである。それは体験による経験則であって、知識として解釈できるものではない。(注)

天台大師は、私たちが通常自分と認識する意識を「思議の境」と呼び、また修行法によって体験した純粋な精神世界を「不可思議の境」と呼んで、現代心理学でいう意識と無意識の関係から修行を捉えていることがわかる。まさに天台は修行法について、身体という物の世界に引きずられた意識状態から脱して、純粋な精神世界と合一（三昧 samādhi）するシステムそのもの、また無意識の世界にある純粋な精神性を意識化する心理過程であると解説しているのである。この意味で仏教を現代風にいえば、まさに心の探究法そのものだといえる。

このように、修行法の実際によって三昧に誘導した体験者の解説は、観念的な仏教用語によりながらも、その言葉には体験によって身体性が付加されているため、観念的な解釈の域を超えて、現代心理学のように体験をどう具体的に報告するかに力点がおかれている。修行者として常に冷静な目で自らの体験を捉え、理性的な知のあり方によって解説しているのである。このような視点で修行法を眺めると、いままでとは違った視界が開かれてくるはずである。

＊注

○「しかるに界内外の陰入はみな心に由って起る。（中略）いままさに丈を去って尺に就き尺を去って寸に就き、色等の四陰を置いてただ識陰を観ずべし。識陰とは心これなり。（中略）不可思議の境は説くこと難し、先に思議の境を明かして、不可思議の境を顕れ易からしめん」（『摩訶止観』上、二七八～二七九頁）。

○五陰（paña-skandha 新訳では五蘊といい、五つの集まりの意）のあり方とは、肉体的要素としての色陰（rūpa-s.）・感受機能としての受陰（vedanā-s.）・表象機能としての想陰（saṃjñā-s.）・意識の統合機能としての行陰（saṃskāra-s.）・意識の認識作用としての識陰（vijñāna-s.）の五つの要素のことである。

2 『天台小止観』にみる修行法の作法とその実際

いま修行法を理解する視点についてふれたが、ここで修行法の作法とその実際のオリジナルへと論を進める前に、止観業の実習を仏教学的に概観しておこう。

天台大師は『摩訶止観』『天台小止観』を撰述したが、そのもっとも初期に大部の『禅門修証』（釈禅波羅蜜次第法門）十巻を撰述している。これはインド禅の作法とその実際について、その時代（六世紀）までに訳出された諸経論から諸禅門の記述の「残深高下」を忠実に整理したものである。その忠実さは、禅波羅蜜（dhyāna-pāramitā 修行による智慧）を修行法そのもの名称として用いているところからもうかがい知ることができる。

ところが、天台は晩年になって『摩訶止観』十巻を撰述し、インド禅からの要約を脱して、独自の「十乗観法」を明らかにしている。十乗観法とは十種の止観業の実習のことであり、基本的には止業（止の作法）と観業（観の作法）を双用する修行法のことである。止業はインド禅ではシャマタ（śamatha 止）と呼ばれ、意識が外界からの刺激に動揺せずに静止して一定の対象に集中している状態、とくに身体的な要素に集中している状態をさしている。また、観業はヴィパシャナー（vipaśyanā 観）と呼ばれ、意識が精神的な要素へと集中している状態、とくに仏性（buddha-dhātu）などの宗教的な最高のイメージへと集中している状態をさしている。

天台はこのような止業と観業の作法とその実際について、『天台小止観』では「坐禅の五項目」として五つに分類し、心身の統一された三昧（samādhi）の状態に誘導する方法として、初期の『禅門修証』では坐禅の作法として説明したものを、止観業の実習として新たに解説したのである。このポイントは、止観業の実習とは「止と観の作法による修行法」のことであり、後に明らかになるが、止業とは意識が身体的な要素に集中している状態をさしており、観業は意識が精神的な要素へと集中している状態をさしているのである。

これまでの解説をふまえ、『摩訶止観』に示された常坐三昧の作法とその実際を『天台小止観』から具体的に解説しよう。

○常坐三昧の具体的な作法とその実際は「坐禅の五項目」

『天台小止観』の第六章「正修行」には、坐禅の作法によって止観業の実習を勧めるのは、行住坐臥のいずれの場合でも止観業の実習は可能であるが、坐禅（常坐）の作法が最も勝れているからである。まず、坐禅の作法によって止観業の意義を明らかにすれば、次の五つの作法があるという。

「坐中において止観を修すとは、四威儀のなかにおいてすなわちみな道を学ぶことを得れども、坐（禅）を最勝となすが故に、まず坐（禅）に約して止観を明かさん。略して五意の不同を出だす」（『天台小止観』九三頁）

天台はここでは『摩訶止観』と同様に、「常坐の作法」が修行法の基本的な作法であること強調しながら、『天台小止観』では具体的な作法とその実際として、「坐禅の五項目」によって止観業の実習を解説しているのである。

①「初心の麁乱を対治せんとして止観を修す」

これは、修行を始めたばかりで心身が動揺しているとき、それを安定させるように止観業を実習すること。

②「心の沈浮の病を対治せんとして止観を修す」

これは、修行中に心が沈んだり浮いたりするとき、それを安定させるように止観業を実習すること。

③「便宜に随って止観を修す」

これは、その時々の心身の状態にしたがって、それを安定させるように止観業を実習すること。

④「定中の細心を対治せんとして止観を修す」

これは、修行中に意識にのぼってくる微妙な反応を安定させるように止観業を実習すること。

⑤「定、慧を均斉ならしめんがために止観を修す」

これは、三昧が誘導されて、身体性（定）と精神性（慧）の深まりが均等になるように止観業を実習すること。

ここではまず坐禅の作法によって坐法を調え、その時の修行者の実際に従いながら、この「坐禅の五項目」に適応した形で、止観業を実習すべきであるといっているのである。

○日常生活と「坐禅の五項目」

また『天台小止観』は、常坐の作法とは別に「縁に歴《わた》り境に対して（止観を）修す」として、日常生活のすべてにわたる止観業の実習を挙げている。天台は『摩訶止観』の常坐三昧を除いた他の三つの三昧の作法が、ともにこの「縁に歴り境に対して（止観を）修す」の実習にあることを明らかにしているのである。

日常生活のすべては、行・住・坐・臥・作作・言語の六つの所作（六種の縁）におさまり、またヒトの眼・耳・鼻・舌・身・意の感覚器官（六根）には、それぞれ色・声・香・味・触・法（六塵）の情報に対応する感覚（執着の対象）がある。この六つの所作と意識された六つの感覚（六塵の境）を合計した「十二の事柄」には日常生活のすべての「おこない」が集約されている。そのため日常生活の一々の行為について、「坐禅の五項目」に適応した形で止観業が実習されれば行為が修行そのものになり、すべての行為を通じて三昧の状態が誘導できるというのである（同、一〇九～一二五頁）。

○修行法の作法とその実際のオリジナル

これまでのなかで『摩訶止観』の四種三昧（常坐三昧、常行三昧、半行半坐三昧、非行非坐三昧）のうち、常坐三昧は「一行三昧」と呼ばれ、三昧の状態に誘導するための基礎的な修行法であることがわかった。さらに、その修行法のオリジナルとなる作法とその実際は、『天台小止観』第六章「正修行」第一「坐中に止観を修す」の「坐禅の五項目」にみえる止観業を実習することであることがわかった。さらに、その他の常行三昧、半行半坐三昧、非行非坐三昧の三種を含む多種多様な修行法については、『天台小止観』第六章「正修行」の第二「縁に歴《わた》り境に対して(止観を)修す」の「十二の事柄」のなかに、日常生活すべてにわたる「おこない」が収まるために、その多種多様な修行法も、『天台小止観』第六章「正修行」第一「坐中に止観を修す」に示される「坐禅の五項目」に適応した形で止観業を実習することだとわかった。

要するに、修行法のオリジナルな作法とその実際とは、『天台小止観』第六章の「坐禅の五項目」による止観業の実習に集約できるということである。やっとここにきて仏教の修行法を理解するために、修行法のオリジナルとなるものを規定することができたのである。

仏教思想の大前提が釈尊の宗教体験であり、その体験は修行法によって誘導されたのであるから、この体験に誘導する修行法を生理心理学的に解説することができれば、仏教のもつ観念的な思想性と、その思想性を支える身体性が同時に理解できる。ここに仏教そのもの、仏教の機能的な側面を理解するために、仏教的な知識に身体性を付加する段取りが調ったといえる。

第二章　『天台小止観』と自律訓練法の比較

天台大師によれば、仏教の修行法のオリジナルとは止観業の実習のことであり、止観業の作法とその実際は「坐禅の五項目」による止観業の実習であることが明らかになった（以下、仏教の修行法のオリジナルを「止観業」と略称する）。これによって仏教そのもの、仏教の機能的な側面を理解するために、仏教的な知識に身体性を付加する段取りが調ったのである。ここから、仏教思想の大前提である釈尊の宗教体験に誘導する修行法を生理心理学的に解説することで、仏教のもつ観念的な思想性とそれを支える身体性を理解してゆこう。

まず、修行法を生理心理学的に解説するにあたって、仏教用語によって語られる修行法の作法とその実際に、現代の行動科学の視点から身体性の付加を試みれば、次のようなことがわかる。この行動科学の視点とは、ヒトの存在を心と身体（心理と生理）の二つのファクターから理解することである。そして、この心と身体は「感情的に怒れば、心拍数が増加し血圧が上昇する」、「悲しい気分になると、胃酸の分泌が抑えられ食欲がなくなる」という相関関係にあることを知るところから始まる。まさに、この心身相関のメカニズムの過程から「止観業の実習によって感情が鎮まれば心と身体がともに安定し（調身・調息・調心）、心身が安定すると身体に引きずられた意識状態（情動）から脱することができ（発善根相）、その状態に誘導できれば純粋な精神性の世界と合一したあり方（三昧）が実現できる」というように、仏教用語に身体性を付加してより具体的に理解できるのである。

ここで、その研究方法を挙げれば、このような心身相関のメカニズムを応用し、医学の分野から心理療法として確立された「自律訓練法」の心理変容を誘導する技法と、悟りという宗教体験に誘導する『天台小止観』にみえる止観業の技法（作法とその実際）を比較することで、これまで仏教用語として語られていた修行法が行動科学的に理解でき、そこに身体性が付加できるというわけである。

まず、比較の対象とした自律訓練法の技法についてふれておけば、それは東洋的修行法の一つであるインドのヨーガ行法（yoga-caryā）を基礎として、一九三二年にシュルツ（J.Schultz）によって考案された。さらにその技法は高弟のルーテ（W.Luthe）によって完成され、現在も医学的に検証され発展している心理療法である。また、この心理療法の特徴は、神経症（心理的な原因で起きる精神の機能障害）や心身症（心理的な原因で起きる身体の機能障害）などの症状によって起きる社会的な不適応を改善し、社会適応できるように構築されていることである。かたや

『天台小止観』の作法とその実際は何かといえば、それは心身をコントロールして三昧の状態に誘導して、凡人をして聖なる悟境へと導く方法であるといえる。自律訓練法が神経症などの不適応を改善する目的で構築されていると構築されているとの相違はあるものの、ともに心理的な変容を誘導するように技法（作法とその実際）が構築されている点に類似性があり、これらの技法（作法）の構造を比較することで、仏教用語で語られる『天台小止観』の止観業を行動科学的な知見から理解できるのである。

1 自律訓練法のプロセスの概観

この自律訓練法の構造について概観しておこう。心理療法としての自律訓練法の技法とは、変性意識状態（Altered State of Consciousness）と呼ばれる瞑想状態を誘導することにある。とくにこの誘導される瞑想状態は、生理的な情動回路（emotional-circuits）によってつくられる神経生理学的な現象で、それによって身体感覚と密接に結びついた情緒的な意識（情動）をコントロールすることで、皮質と皮質下（心理と生理）の力関係を調整し、普段は抑えられがちな自己調整能力（homeostasis）を回復させるのである。まさに、私たちの心と身体の分離から生ずるさまざまな神経症的、心身症的症状の解放をめざす技法なのである（池見酉次郎「瞑想の心理と生

理」〈『科学・技術と精神世界』4、青土社〉所収、四三〜六〇頁）。

ここで、このような自律訓練法の技法をその実際から要約すると、次の四つの要素に分類できる（W・ルーテ編『自律訓練法』池見酉次郎監修、誠信書房、以下『自律訓練法』と略記）。

①訓練を始めるために、心身をリラックスさせる条件

②意識の身体的要素への集中

③意識の精神的要素への集中

④その結果として生ずる心身の変化

ここから自律訓練法の実際を、この四つの要素について順を追って解説しよう。少々煩瑣になるが、おつきあい願いたい。

○訓練を始めるために、心身をリラックスさせる条件

この①「訓練を始めるために、心身をリラックスさせる条件」とは、この方法が別名「自己弛緩法」と呼ばれるように、瞑想状態に誘導しやすくするために心理的、身体的な緊張を弛《ゆる》める条件であり、自律訓練法の実習前に弛緩しやすい環境づくりを目的としている。これは求心性の刺激を除去することを目的として、外から働きかける刺激を可能なかぎり低い生理的水準へと抑制しているのである。

さらにこの段階には、次の四つの条件がある。

（1）外界からの刺激の除去

静かな環境で適度な気温の部屋等の条件があげられており、練習を妨げられることが少なく、かつくつろぎやすい部屋がよい。また、ネクタイやバンドや帯や腕時計など、身体を圧迫するものは、同じく刺激を遠ざける意味で、はずすか弛めるようにする。

（2）内部刺激の除去

身体内部の生理的刺激を抑えるために、過度の空腹や満腹の時は避け、排便や排尿にも心がける。また、今しなければいけないような仕事も無理のないものは終えてしまい、気になるものを後に残さないようにする。

（3）姿勢の安定

姿勢には、普通は仰臥姿勢、安楽椅子姿勢、単純椅子姿勢の三種類があり、一般的には単純椅子姿勢が用いられているが、最も効果を得られるのは仰臥姿勢である。しかし、いずれの場合にも基本となるのは、ユッタリとくつろげる姿勢で、筋肉が弛みやすい姿勢である。また、筋肉が弛緩したときに不自然にならない姿勢である。これは、生理的に随意筋の活動的な神経支配が最少となり、身体は骨格と靭帯組織にぶら下がり楽にしていられる状態である。

（4）閉眼

さきの三つの条件が調ったら、さらに軽く目を閉じて求心性刺激を減少させるようにする。このような極端な受動的状態のもとで閉眼すると、睡眠に入る場合と同様の心理生理的な状態が誘導されるからである。

この（1）外界からの刺激の除去、（2）内部刺激の除去、（3）姿勢の安定、（4）閉眼の四つの条件下では、結果的に横紋筋（随意筋）の全般的な弛緩状態（リラックスした安定状態）が進み、求心性ならびに遠心性神経活動のきわめて低い生理的水準における心的活動、つまり、自律訓練を始めるために必要な身体的、心理的条件が調うのである（『自律訓練法』八〜一三頁、佐々木雄二『自律訓練法の実際』四四〜五一頁、創元社、以下『自律訓練法の実際』と略記）。

○意識の身体的要素への集中

つづいて、①「訓練を始めるために、心身をリラックスさせる条件」の四つの条件が調うと、②「意識の身体的要素への集中」へと進む。これには背景公式（安静訓練）と呼ばれるものを基礎とする六つの公式訓練がある。

安静練習として「気持ちが（とても）落ち着いている」の背景公式を全般の基礎として、第1公式（重感練習）「両腕両脚が重たい」

第2公式（温感練習）「両腕両脚が温かい」
第3公式（心臓調整）「心臓が静かに規則正しく打っている」
第4公式（呼吸調整）「楽に呼吸している（呼吸が楽だ）」
第5公式（腹部温感練習）「太陽神経叢（お腹）が温かい」
第6公式（額涼感練習）「額が（こころよく）涼しい」

の順に受動的注意集中を行い、最終的には「気持ちが（とても）落ち着いている……両腕両脚が重くて温かい……心臓が静かに規則正しく打っている……楽に呼吸している……お腹が温かい……（そして）額がこころよく涼しい……（何回もくり返し実習する）」の一連の公式と進んでゆく。

また、この公式による練習の終了時には必ず「消去動作（取り消しの動作）」が求められる。具体的には、両手を握り、少し手に力を入れて五、六回強く曲げ伸ばしする。つづいて大きく背伸びをするように二、三度深呼吸して、最後に目を開ける。これはこの訓練法によって誘導される状態が、心理的には催眠時に似た状態で周囲の状況と隔絶されたような特殊な心理状態であり、身体的には筋肉の弛緩状態等を含めた生理的水準が低下しているからである（『自律訓練法』二二一〜二二三頁、『自律訓練法の実際』五六〜五七頁）。

さらに、この一連の標準訓練の系列は生理学的な基礎に立っており、背景公式（安静練習）

を前提条件としながら、身体の末梢部の重感、温感に対する受動的注意集中（passive concentration）という受容的（受け身的）な態度でさりげない注意を向けることで、手足が重く温かいと想像することによって生ずる条件反射を利用している。この心身の相関メカニズムによって、自律神経系の興奮を押さえる副交感神経系の働きを促し、末梢の不随筋の弛緩、血管の弛緩による拡張、心拍率や呼吸率の安定（心拍数の若干の減少、呼吸率の三〇〜七〇％ほどの減少）、腹部太陽神経叢の安定（内蔵機能、不随筋の弛緩）、前頭額筋の弛緩等を積極的に促して、身体的生理機能の安定を図っているのである。このようにして徐々に身体への受動的注意集中が進み、筋肉の弛緩を全体へと広げることで、情動として身体生理のうえに表れていた緊張を昇華し（自律性解放 autogenic discharges と呼ばれる）、心と身体のバランスを取り、自己調整能力の回復を図っているのである。

ここで、このように身体への受動的注意集中が進み、筋肉の弛緩が全体へと広がるときの身体生理の安定状態と、筋肉の弛緩状態にいくつかの特徴がある。まず、まぶたがピクピクと動いているときは、受動的注意集中が妨害されているか、または中断されている。また、弛緩状態が進んでいるときは、その姿勢は口がわずかに開きぎみで顎の位置がわずかに下がっており、このときの状態は睡眠と近い関係にあるので眠りには注意が必要である。

また、雑念に対する留意として、動物は外部と身体内部の刺激を除くと間もなく眠りこむが、ヒトの場合はこの条件下ではかえって過去の思い出、現在の希望や不安が精神内部から活発に雑念として生じるため、このときは雑念を雑念のまま受け流して、ただきの六つの公式言語をくり返すことが必要となる（『自律訓練法』二四〜二五・三九〜四三頁、『自律訓練法の実際』三六〜三八・五四頁）。

○意識の精神的要素への集中

ひきつづき、③「意識の精神的要素への集中」へと進む。これは標準訓練として②「意識の身体的要素への集中」の段階では、たとえば心身症患者のうち九州大学では約六〇％の人たちに効果があるが、残りの四〇％の患者には上級訓練として「黙想訓練」を行う必要があるという。これは、標準訓練が言葉による身体的要素への受動的注意集中をすることで、身体生理の安定状態が誘導された結果、イメージによる視覚的思考が行いやすくなることを治療に利用したものである。このイメージによる視覚的思考とは、外界からの刺激が減少するとともに通常の意識活動が弱まり、それまで意識から排除されていた無意識的な精神活動が表出するからである。その表出するイメージとは、無意識がそれ自身を表現する言葉のようなものなのであり、無意識的な思考はイメージを媒介として行われるのである（『自律訓練法』一五〇〜一五七頁、『自律訓練法の実際』一五一頁）。

それにはどのような意義があるのだろうか。ヒトは自分自身の行動を意識的に思惟し判断した結果であると考えているが、実はその行動には無意識的な思考が強く影響している。そのため、黙想訓練もこのような無意識の思考としてのイメージを表出させ、それと通常の思考との相互作用によって、両者の結合された新しい態度や価値観、ひいては行動を練習者にもたらすことを目的にしているのである（『自律訓練法の実際』一五一～一五二頁）。

次に、その実習にあたって、初めに標準訓練の強化が示される。まず訓練の姿勢をとり、一分ほどのうちに第六公式までの効果がつくれること、またその効果を比較的長時間（一五～二〇分）継続でき、練習環境のいかんにかかわらずに温感、重感が出せることが求められる。

そして、黙想訓練に移る。この訓練には七つの段階がある。

第1黙想訓練として自発的色彩心像視（色彩自発経験）
第2黙想訓練として選択的色彩心像視（特定色彩経験）
第3黙想訓練として具体的心像視（具体的対象の視覚化）
第4黙想訓練として抽象概念心像視（抽象対象の視覚化）
第5黙想訓練として特定情動体験（特定感情状態の体験）
第6黙想訓練として人物心像視（人物の視覚化）

第7黙想訓練として無意識からの応答

この黙想訓練の詳細を挙げれば、次のようである。

第1の黙想訓練では、身体的要素に向けていた受動的注意集中を心の中に向け、心の中に色彩のイメージの出るのを待つ。

第2では、自分が指定した色をイメージ化することに努める。

第3では、特別に何を見ようとは決めずに、具体的なものが見えるのを待つ。この場合には意識的にはしないこと。

第4では、いままでのように具体的なものから、抽象的な概念についての視覚化練習である。つまり、「家庭」「自由」「幸福」「愛」「平和」についてのイメージである。

第5では、情動を体験する練習である。情動体験といっても、怒りや恐怖という一時的な情動の興奮ではなく、練習中に流れている自分の感情気分を味わう体験である。

第6では、個人的な感情に即した人物のイメージ化がすみやかに行われるような練習である。

第7では、無意識からの応答として、前の六つの過程を基礎として「私にとって一番大切なものは」「私は何者であるか」「私はどこへ行こうとしているのか」などのテーマについて受動的注意集中をして、それがイメージとして表れるのを待つのである。

この段階にいたってイメージ化されるものは、練習者が意識的に考えて得られる回答とは異なり、無意識的なまとまりのない「コンプレックス」であり、それが情動体験として意識化されることで自律性解放が起き、それによってヒトの行動をひそかに支配しているコンプレックスの内容が明らかになることで、治療上に大きな意義をもつのである（『自律訓練法』一五八・一六二～一七七頁、『自律訓練法の実際』一五四～一六五頁）。

○その結果として生ずる心身の変化

次に、④「その結果として生ずる心身の変化」は、標準訓練、黙想訓練を通じて多くの問題が提起された。つまり、ストレスとして無意識のうちに蓄積されていた情動をどのように昇華発散するかが、ともに中心課題であった。とくに標準訓練をしているときに、言語公式とは関係なく、しかも練習のやり方の誤りでもなく、治療上の副作用とも考えられない心理的、生理的な自発性の反応がある。ルーテはこの情動の発散、自発性の反応を「自律性解放」（autogenic discharges）と名づけ、以前は自律訓練法を進める妨げになるとされていたこの反応を、むしろ積極的に起こさせる方向へ進めて治療効果を上げたのである。

この反応は、たとえば大事故などの強いストレスに遭遇したり、聖職者などで人間が潜在的にもっている攻撃的衝動や性的欲望などを継続的に抑制していると、これらの潜在的な力の蓄積により、自己調整能力の働きが低下し心身の失調状態をまねくことがあるという。ところが、標準訓練を実習することで六つの受動的注意集中の過程による身体生理の安定が進み、それによって得られる特有の心理生理状態（変性意識状態 Altered State of Consciousness＝ASC）では、妨げられていた自己調整能力が回復しはじめ、心身の機能障害が正常化されるが、その過程でさまざまな自律性解放活動（autogenic discharge activity）が起きるのである。

その自律性解放活動には四つのパターンがある。

（1）身体の一部がジンジンする、しびれる、かゆくなる、針で刺すような感じがするなどの感覚反応。

（2）筋肉がピクピクする、指がふるえるなどの運動反応。

（3）ものが見えたり、音が聞こえたりなどの幻覚、涙が流れる、唾液がでる、心臓がドキドキする、お腹がゴロゴロ鳴るなどの自律神経系の反応。

（4）過去の思い出、空想的イメージや感情興奮などの心理的反応。

この四つの反応は、大脳皮質、間脳、脳幹部などの脳レベルでの情動の解放によって起きるといわれる。そして、このような心身の正常化に役立つ自律性解放を積極的に進めるためには、いま自律性解放として起こっている反応を受動的受容（passive acceptance）といって、取り合わずに受け流すままの脳ベース（the brain basis）に任せておき、安定した自律的ASC（self-activated ASC）の状態へと誘導し、その解放現象が消えるまで成り行きに任せて、けっして途中で止めてはならないというのである（『自律訓練法』一九四〜一九七頁、『自律訓練法の実際』一九三〜一九九頁、この自律的ASCを「乱されざるASC」と成瀬正吾博士は定義する〈『心療内科学』一〇〇頁、医師薬出版〉）。

とても長い要約になったが、以上が自律訓練法の技法とその実際を四つに分類して、全体のプロセスを解説したものである。心理療法として開発されたこの訓練方法は、さきの四つのプロセスよって瞑想状態（変性意識状態）に誘導し深めることで、心と身体のバランスを取り自己調整能力の回復を促している。そして、普段は抑えられがちな自己調整能力（homeostasis）を回復させ、私たちの心と身体の分離から生ずるさまざまな神経症的、心身症的症状からの解放をめざしているのである。

2 『天台小止観』と自律訓練法の四つの分類との比較

ここからは、仏教の修行法のオリジナルといえる『天台小止観』にみえる止観業の作法とその実際（技法）を自律訓練法の四つの分類から解説しよう。まず、さきの自律訓練法の変性意識状態に誘導する四つの要素を整理して、以下に挙げよう。

①「訓練を始めるために、心身をリラックスさせる条件」として心理的、身体的な緊張を緩めて、練習前に全体的に弛緩しやすい環境を調える。

（1）外界からの刺激の除去

（2）内部からの刺激の除去

（3）姿勢の安定

（4）閉眼

②「意識の身体的要素への集中」として、身体的要素に対する言葉による受動的注意集中によって、変性意識状態（ＡＳＣ）を誘導し、情動として身体のうえに表れている生理的緊張の弛緩を促す。

③「意識の精神的要素への集中」として、前項で誘導された変性意識状態をより安定した自律的ＡＳＣへと誘導するために、解放された情動エネルギー、つまり精神的要素への受動的注意集中をすることによって情動発散を促し、心と身体のバランスを調整する。

④「その結果として生ずる心身の変化」として、上述の①②③までを通じて「自律性解放」と呼ばれる心身の両面にわたる情動の発散を積極的に進め、それを受動的に受けとめるときに

生ずる身体的、心理的な変化が示された。その反応に四つのパターンが示された。

（1）「身体等の感覚反応」
（2）「筋肉等の運動反応」
（3）「自律神経系の反応」
（4）「心理的な反応」

さらに、『天台小止観』の構成を挙げておこう。

第一章「具縁」　「縁を具えよ」
一　持戒清浄　持戒清浄なれ
二　衣食具足　衣食を具足せよ
三　閑居静処　静処に閑居せよ
四　息諸縁務　諸の縁務を息《や》めよ
五　得善知識　善知識に近づけ
第二章「呵欲」　「欲を呵せ」
一　呵色欲　色欲を呵せ
二　呵声欲　声欲を呵せ

三　呵香欲	香欲を呵せ
四　呵味欲	味欲を呵せ
五　呵触欲	触欲を呵せ
第三章「棄蓋」	「蓋を棄てよ」
一　棄貪欲蓋	貪欲の蓋を棄てよ
二　棄瞋恚蓋	瞋恚の蓋を棄てよ
三　棄掉悔蓋	掉悔の蓋を棄てよ
四　棄睡眠蓋	睡眠の蓋を棄てよ
五　棄疑蓋	疑の蓋を棄てよ
第四章「調和」	「調和」
一　調節飲食	飲食を調節せよ
二　調節睡眠	睡眠を調節せよ
三　調身	身を調えよ
四　調気息	気息を調えよ
五　調心	心を調えよ
第五章「方便行」	「方便としての行」

一　欲　　欲
二　精　進　　精進
三　念　　念
四　巧　慧　　巧慧
五　一　心　　一心
第六章「正修行」　　「正しい修行」
一　坐中修止観　　坐（禅）中に止観を修せ
二　歴縁対境修止観　　縁に歴《わた》り境に対して止観を修せ
第七章「善根発相」　　「善根が発する相」
一　明善根発相　　善根が発する相を明かす
二　分別真偽　　真偽を分別せよ
三　明修止観長養諸善根　　止観を修して諸の善根を長養せよ
第八章「覚知魔事」　　「魔事を覚知せよ」
一　魔　事　相　　魔事の相
二　却　法　　（魔事を）却くる法
第九章「治病患」　　「病患を治す」

一　明病発相　　病が発する相を明かす
二　明治病方法　病を治す方法を明かす
第十章「証果」　「証　果」
一　初心証果相　初心の証果の相
二　後心証果相　後心の証果の相

これから、かなり煩瑣になるが、詳細に『天台小止観』にみえる止観業の作法とその実際を、自律訓練法の四つの分類と比較しながら解説しよう。

1 『天台小止観』第一章「具縁」

第一章「縁を具えよ」（『天台小止観』三〜三九頁）では、「止観を修せんと欲せば、必ずすべからく五縁を具すべし」として五つの条件が示されている。


「持戒清浄なれ」として、道徳生活の保持と懺悔滅罪をすること。

「衣食を具足せよ」として、食生活などを安定させる（少欲知足）こと。

「静処に閑居せよ」として、静かな環境に起居すること。

「諸の縁務を息めよ」として、修行生活に不必要なものはやめ、また今すべき仕事はすぐやること。

「善知識に近づけ」として、修行者どうしの煩わしい人間関係を避け、そして自分より優れた師匠に師事すること。

この第一章「具縁」の五つは、容易に①「練習を始めるために、心身をリラックスさせる条件」の（1）「外界からの刺激の除去」に相応していることがわかる。

2 『天台小止観』第二章「呵欲」

第二章「欲を呵せ」（同、四五〜四九頁）では、「いうところの欲を呵すとは、すなわちこれ五欲を呵責するなり。それ坐禅して止観を修習せんと欲せば、必ずすべからく呵責すべし」という。そして、それはなぜかといえば、「この五欲の法は畜生と同じくあり。一切の衆生が常に五欲のために使われるを、名づけて奴僕となす。この弊欲に座して三途に堕す」からである。それを避けるために「禅を修するにまた障蔽となる。これを大賊となす。まさに急にこれを遠ざけるべし」という。

五欲とは、五つの感覚器官（根）の眼・耳・鼻・舌・身などの対象への執着のことで、色欲・声欲・香欲・味欲・触欲などの五つの欲望のことである。そして、この五欲は、外界の色・声・香・味・触の五境（塵）の刺激によって引き出されるものであるから、その刺激から遠ざかることを示している。

この第二章「呵欲」も、容易に①「練習を始めるために、心身をリラックスさせる条件」の（1）「外界からの刺激の除去」に相応していることがわかる。

3『天台小止観』第三章「棄蓋」

第三章「蓋を棄てよ」（同、五三〜六五頁）では、「五蓋を除けばすなわちこれ一切の不善の法を除く。……この五蓋を除けば、その心は安穏にして清浄快楽なり。譬えば日月も五事をもって覆翳せらるるがごとし。煙・雲・塵・霧、羅睺阿修羅《らごあしゅら》の手が障《ささ》うるときは、すなわち明らかに照らすこと能わず。人の心もまたかくのごとし」と、この五つの心のふた（蓋）は私たちの心を覆いかくし心の成長を妨げているので、それに気づき早く除くべきことを示している。

五蓋とは、次の五つである。

「貪欲の蓋」とは、心のうちの意根に欲を起こし、それをいつまでもつづけようとする思い。

「瞋恚の蓋」とは、自分の思いに違背することに対する憎みや憤り。

「睡眠の蓋」とは、ぼんやりだらだらする心のこと。

「悼悔の蓋」とは、生活に落ち着きがなく、失敗したときにくよくよすること。

「疑の蓋」とは、何かにつけて心にためらいを抱き決定できないこと。

この第三章「棄蓋」は、①「練習を始めるために、心身をリラックスさせる条件」の（2）「内部刺激の除去」に相応していることがわかる。

4　『天台小止観』第四章「調和」

第四章「調和」（同、六九〜八三頁）では、まず「五法」といって心身の五つの調和法を示している。

五法とは、「飲食の調節」「睡眠の調節」「調身」「調息」「調心」の五つである。詳細は後述するが、この五つのうちで「調身」「調息」「調心」は三事と呼ばれ、この三つはいっしょに扱われて、坐禅の作法では入・住・出の三段階で論ぜられることになる。さらに「（修行者は）……よくこの五事を調えて必ず和適ならしむれば、すなわち三昧は生じ易し。もし調わざるところあらば、諸の妨難多く、善根は発し難からん」と、この五事が調わなければ修行の妨げとなるという。

まず、この五法の一「飲食の調節」とは、「それ食の法たるは、もと身を資けて道に進まんがためなり」と、食が過ぎれば気持ちはあがり、息がつまり、全身はだるく、心は沈んでしまう。少なすぎれば身体は疲れやすく不健康となる。また、刺激の強いものは心身ともに興奮しやすくなり、栄養価の高いものは慢性病のもととなると、少欲知足の生活が具体的に示されている。

二「睡眠の調節」では、「それ眠はこれ無明の惑覆なり。これを縦《ほしいまま》にすべからず。……まさに無常を覚悟し、睡眠を調伏して、神気を清白に、念心を明浄にならしむべし。かくのごとくにして心を聖境に栖ましむれば、三昧は現前すべし」と、睡眠を調えて心をすがすがしくし、気持ちを明るくはっきりとさせるべきことが示されている。

この「飲食の調節」と「睡眠の調節」の二つは、ともに身体に即した条件の調整を意味しており、これも①「練習を始めるために、心身をリラックスさせる条件」の（2）「内部刺激の除去」に相応していることがわかる。

次に五法の三事について

さて、さきの「調身」「調息」「調心」については、この三つをまとめて三事と呼び、「まさに合して用うべし。別説することを得ず。ただ初・中・後の方法の同じからざるあり。これすなわち入・住・出の相に異なりがある故なり」と、この三つ（三事）は総合的に用いられるべきで一つひとつについては説かない。ただ三昧には、入る前の状態と、入って（禅）定に住している状態と、（禅）定から出る状態があり、その三つの状態にそれぞれ調身、調息、調心の三事があるという。

・第一「入禅調三事者」について

まず、第一「禅に入るときに三事を調う」として、「初めに禅に入るときに身を調うるの法」の「調身」が示される。「三昧に入らんと欲せば身の宜しきを調えよ。定外にあるとき、行住進止、動静運為のごとくすべからく詳審なるべし」と、ここでは修行するに際して、日常生活のなかで「行住進止、動静運為」にわたる注意が必要であるという。生活が荒々しければ呼吸も粗くなり心も乱れてしまうので、日常の態度にも用心する必要があるという。

つづいて、定に入るときの坐法について「半跏坐と全跏坐」の二種、また手の位置について「左手の掌をもって右手の上に置き、手を重累ねて相対してこれを安んじ、頓に左脚の上に置き、牽き来たして身に近づけ、心に当てて安んぜよ」と、坐法と定印がそれぞれ示されている（左右の手足の位置、その上下の関係についての詳細は後述する）。そして、その姿勢について、坐る前に身体ならびに手足の関節を七、八回無理なくゆっくりと動かし、自按摩の法（ヨーガ・アーサナ yoga-āsana と同様の作法、詳細は後述する）のやり方で手足などに凝りを残さないようにしてから、端座して背骨をまっすぐにする。曲がることもなく、反り返ることもなく、頭と頸筋を伸ばし、鼻と臍が一直線になるように腰を引き、偏りのないようにバランスを取ることが示されている。

次に、身息といって身体に即した呼吸を調える。まず口を開き、胸の中にわだかまっている念いを、呼気といっしょに六、七回ほど強く吐き出すようにする。そのときには、すべての悪いものが自分の中から吐き出されていると観念する。そして、その後に鼻から清気を入れて、口を閉じ唇は軽くむすび、舌は少々持ち上げて上顎に付けるようにして楽にさせる。目も軽くつぶり、外の光が断てる程度にする。つづいて、頭の上のほうから身体の下のほうへと徐々に力を抜き安定させる。さらに端身正座して、身体をちょこちょこ動かさないようにする。そして、これらの条件を満たして「要をあげてこれをいわば、寛ならず急ならざる、これ身の調える相なり」と、慌てず怠らずに行うべきことが示されている。

この第一「初めに禅に入るために身を調うる法」は、さきの①「練習を始めるために、心身をリラックスさせる条件」の（２）「内部刺激の除去」ばかりではなく、（３）「姿勢の安定」、（４）「閉眼」にも相応していることがわかる。

次に、第二「初めに禅に入るときに息を調うる法」として、「調息」が示される。「息を調うるにおよそ四相あり。一に風、二に喘、三に気、四に息なり。前の三を不調の相となし、後の一を調えるの相となす」と、ここでは四つの調息法をあげているが、第四の息が正しい呼吸であるという。その相として「息の相とは、声あらず結せず麁《そ》ならず、出入綿綿として存するがごとく亡きがごとく、身を資けて安穏に、情に悦予を抱く」と、呼吸の調うさまが示されている。

ほかの不調の三つの相について、まず風の相は「坐のときにすなわち鼻中の息に出入に声のあるを覚ゆ」といい、また「風を守れば散じ」と、このままの呼吸をつづけていると気持ちが散漫になってしまうという。これを調えるには「下に著けて心を安んぜよ」と、意識を身体的要素である臍下丹田に集めて心を安定させよという。

喘の相は「坐のとき息に声なしといえども、しかも出入が結滞して通ぜざること」といい、この「喘を守ればすなわち結《けっ》し」と、このまま呼吸をつづけていると気持ちが固くなってしまうという。これを調えるには「身体を寛放せよ」と、身体に入っている余分な力を抜けという。

気の相は「坐のときまた声なくまた結滞せずといえども、しかも出入の細ならざる」といい、これを調えるには「気を守ればすなわち労し」と、このまま呼吸をつづけていると気持ちが疲れてしまうという。これを調えるには「気が毛孔にあまねくして出入し通洞して障礙するところなしと想え」と、呼吸するときにすがすがしい気持ちが、身体全体の毛孔から出入りしていると想って行えという。

そして、この「風の相」「喘の相」「気の相」をおのおのに即して調えると、「息が調えば、すなわち衆患は生ぜず、その心は定まり易し」というのである。ここにいたって初めて「渋ならず滑ならざる」という自然に正しい呼吸が調うさまが示され、その理想的な状態を「息の相」といい、「声あらず結せず麁ならず、出入綿綿として存するがごとく亡きがごとく、身を資けて安穏に、情に悦予を抱く」と、心地よく安定した呼吸と心身の状態が示されている。

この第二「初めに禅に入るときに息を調うる法」では、定に入るために不調の呼吸をどのように正しいものにするか、その方法が示されている。ここでは②「意識の身体的要素への集中」に相応する部分もあるが、それはあくまで正しい呼吸を乱している身体の内部からの刺激を調整する方法が示されているので、これは①「訓練を始めるために、心身をリラックスさせる条件」の（2）「内部からの刺激の除去」に相応していることがわかる。

次に、第三「初めに定に入るときに心を調う法」として「調心」が示され、これに二種類ある。一には「乱念を調伏して越逸せしめず」、二には「沈、浮、寛、急をして所を得せしむべし」と示される。一については第六章「正修行」で細かく示されるが、二のおのの相と対治については次のように示されている。

沈の相とは「心中昏暗にして記録するところなく、頭が好んで低垂する」と、気持ちの滅入ったさま、沈鬱な状態をいっている。この時には「まさに念を鼻端に係け、心をして縁のなかに住在して分散の意なからしむべし」と、これは下に沈んだ念いを鼻端へ係《か》け、意識を身体的要素の上方の鼻頭へと集中させせよという。

浮の相とは「心が好んで飄動し、身もまた安んぜず、外の異縁を念ず」と、これは気持ちに落ち着きがなく、心が外のことばかりを意識している状態をいっている。この時には「よろしく心を下にむけて安んじ、縁を臍のなかに係け、諸の乱念を制すべし」と、浮いた念いを臍の中に置き、意識を身体的要素の下方に集中させせよという。

寛の相とは「心志《しんし》（心の働きやあり方）は遊漫にして身の逶迤《いい》（斜めに行く状態）たるを好むを覚え、口中より、涎《よだれ》流れ、あるときには暗晦ならん」と、はっきりとした心構えがなく、ボヤッとした暗い念いの状態をいっている。この時には「身を斂《おさ》め念を急にして、心を縁の中に住ぜしめ、身体、相待すべし」と、今までの姿勢を改めて、一度深く呼吸をして身体的条件をあせらずに調えなおせという。

急の相とは「坐のなかに用の心を撮《あつ》めてこれに因って定に入らんことを念望するに由る。この故に気は上に向かい、胸臆が急に痛まん」と、性急に意識を集中して定に入ろうとするあまり、定に入ろうという念に執らわれて、胸のあたりが苦しくなった状態をいっている。この時には「心を寛放して、気はみな流れ下ると想うべし」と、気負った念いを一度捨てて、呼吸をした息が下腹にたまっていくように想うことであるという。

そして、これらの要として、入定の方便、実習の基本的な作法が「それ定に入るには、もとこれ麁より細に入る。ここをもって身は麁となし息はその中(間)に居し、心は最も細静なりとし、麁を調えて細に就き、心をして安静ならしむ」と、定に入るためには「麁から細へ」、つまり、求心性の外部刺激となる身体的条件を含めて姿勢を調え、呼吸を調えて心の調整へと進むべきことが示されている。

この第三「初めに禅に入るときに心を調うる法」では、定に入るために障害となる心のあり方を正す方法が示されており、②「意識の身体的要素への集中」に相応するようにみえるが、それはあくまで定に入ろうとする際に心を乱している身体的な刺激を調整するためであり、①「訓練を始めるために、心身をリラックスさせる条件」の(2)「内部からの刺激の除去」に相応していることがわかる。

・第二「住坐中調三事者」について

次に、第二に「坐に住するなかに三事を調う」として、坐して定に入っているとき「このなかにまさしくよく身、息、心の三事の調、不調の相を識るべし」と、その時々によって自分の三事の状態を知り、不調の相については第一の「禅に入るとき三事を調う」に説いたので、それに従って調えよという。また「三事を調うるには的《まさ》しくは前後なし」と、身・息・心の三事の調適はどれが先どれが後ということはなく、その状況に応じて行うべきことが示されている。

この第二「坐に住するなかに三事を調う法」では、①「訓練を始めるために、心身をリラックスさせる条件」の（1）から（4）までのすべてに相応していることがわかる。

・第三の「出時調三事者」について

次に、第三「（禅を）出ずるときに三事を調う」には、「行人がもし坐禅まさに竟らんとして定を出でんと欲するとき、まさにまず心を放って異縁し」と、まず「調心」として、定から出ることを念い、心を外のものに向け、心を自分自身のところに戻すことが示されている。

そして、「口を開いて気を放ち、息が百脈より意に随って布散すと想うべし」と、「調息」として、いままでのように自然でゆったりとしていた呼吸を改めて、意識的に深く呼吸して自分を確かめ、「しかる後に微微に身を動かし、つぎに肩、胛（肩甲骨）および手、臂、頭、頸を動かし、つぎに二足を動かして、ことごとく柔軟ならしめ、しかる後に手をもって遍く諸の毛孔を摩し、次に掌を摩して煖かならしめて、もって両眼をおおい、しかる後にこれを開き、身の熱汗がやや歇むを待って、まさに意に随って出入すべし」と、「調身」として身体の内側（内面）から外側へと順に刺激して、（坐禅の）意識集中によって失っていた身体感覚を取り戻すことが示されている。これらは「細より麁に出づるをもっての故なり」と、心・呼吸・身体というように微細なものから麁雑なものへ、「調心」「調息」「調身」の順となっている。ちょうど、定に入る場合の「麁から細へ」とは正反対になっているのである。

この第四章の「調和」、とくに「三事」にわたる「入、住、出」については、「進止に次第あり、麁細は相違せず、譬えばよく馬を調え、去らんと欲し住せんと欲するがごとし」と、馬をよく調御してその進退を自由にするように、定の「入、住、出」について「調身」「調息」「調心」という身体と心の条件を調えなければならないことを明らかにして、第六章「正修行」へと導くための条件を示しているのである。この章は、すべてが①「訓練を始めるために、心身をリラックスさせる条件」（1）～（4）に相応していることがわかる。

5　『天台小止観』第五章「方便行」

次に、第五章「方便行」（『天台小止観』八七～九〇頁）では、方便行について「いわゆる五法を行ずるなり。五法とは一に欲、二に精進、三に念、四に巧慧、五に一心なり」と、五つの方便、止観業を実習するための五つの補助的な手段が示されている。

一に「欲」とは、「世間の一切の妄想顚倒を離れんと欲し、一切の禅定、智慧の法門を得んと欲するなり」と、世間の迷いを離れたい、本物の悟りを得たいと「欲する」ことが大切であり、「一切の善法は、欲をその本となす」という。そして、この欲に「志・願・好・楽」の四つある。具体的に「志」とは慕意・思意、「願」とは志願・誓願・許、「好」とは嗜好・喜好・好楽、「楽」とは楽欲・好楽であるという（『天台小止観帳中記』二一四頁、田中印刷出版、大正十四年、以下『帳中記』と略記）。

二に「精進」とは、「堅く禁戒を持し、五蓋を棄捨し、初夜、後夜、専精にして廃せざるなり」と、これはすでに第三章「蓋を捨てよ」に示されたように、禁戒を守り心身を清めて、私たちの心の成長を妨げる「五つの蓋」を捨てるよう常に努力することであるという。

三に「念」とは、「世間の欺誑たるは賤しむべし、禅定智慧の尊重たるは貴むべしと念ずるなり」と、世間的な事柄の多くは偽りごとであり賤しむべきものであるが、修行によって得られる真の智は尊重すべきである、と念ずることが大切であるという。

四に「巧慧」とは、「世間の楽と禅定智慧の楽との得失軽重を寿量するなり」と、世間的な楽と修行による楽との相違を判断して、さらに真実なるものを求めよという。

五に「一心」とは、「念慧分明にして、明らかに世間は患《うれ》うべく悪《にく》むべしと見よ。よく禅定、知慧の功徳は尊むべしと識り、そのときはまさに一心決定して止観を修行すべし」と、世間的なものの無常さを知り、修行の功徳の尊さを知ったならば、なりふりかまわず、いままでの四つを総括して一心に止観業を実習せよという。

この五つは、すべてが①「訓練を始めるために、心身をリラックスさせる条件」（1）〜

（４）に相応していることがわかる。

６『天台小止観』第六章「正修行」

・第六章「正修行」第一「於坐中修止観者」について

つづいて、さきの第一章から第五章までをふまえて、第六章「正修行」（『天台小止観』九三〜一二九頁）へと進むと、止観業を実習するために二種の作法が示される。「第一には坐中におい て修し、第二には縁に歴《わた》り境に対して修す」と、坐して止観業を実習する場合と、日常の起居動作の行住坐臥において止観業を実習する場合が示されている。

この第一「於坐中修止観者」では、「一には、初心の麁乱を対治せんとして止観を修す。二には、心の沈浮の病を対治せんとして止観を修す。三には、便宜に随って止観を修す。四には、定中の細心を対治せんとして止観を修す。五には、定、慧の均斉ならしめんがために止観を修す」の五つを挙げている。この「坐禅の五項目」が止観業を実習するための要で、修行法のオリジナルな部分そのものである。

・第一「於坐中修止観者」の一「初心の麁乱を対治せんとして止観を修す」について

一「初心の麁乱を対治せんとして止観を修す」とは、初めに止観業を実習するために坐すとき、心の中に生起する粗々しい動きを対治することをいい、それには「止」と「観」の二種類がある。「一に、まず止を修することを明かし、二に、つぎに観を修するを明かさん」と示されている。

「一の止を修する」について

この「一の止」に、「一には繋縁守境の止、二には制心の止、三には体真の止」の三種類が明かされる。

一「繋縁守境の止」とは、「心を鼻隔、臍間等の処に繋いで、心をして散ぜざらしむるなり」と、意識を眉間や鼻先のところ、あるいは臍下丹田（気海丹田）などの身体的要素へと集中することによって、動揺してやまない心の散乱を制止することである。

二「制心の止」とは、「心の起こるところに随って、すなわち、これを制して馳散せしめざるなり」と、心は五根（眼・耳・鼻・舌・身）という五つの感覚器官（身体的要素）からの情報によって動かされるのであるから、その五根からの情報に一定の距離を置き、意識的に動揺しないように心を制止することである。

この「繋縁守境の止」「制心の止」の二つは、明らかに②「意識の身体的要素への集中」に相応している。そして、「この二種は、みなこれ事の相なり。分別することを須いず」と、この二つが修行するに際して散乱し動揺する心を止めるもっとも基本的な作法であるが、実際にはそれぞれのケースによって、止の作法にもさまざまなパターンがあるので、いまは立ちいって説明しないという。

三「体真の止」とは、「心の所念に随って一切の諸法あり、ことごとく因縁より生じて自性あることなしと知れば、すなわち心に取らず、もし心に取らざればすなわち妄念の心は息む」と、一「繋縁守境の止」、二「制心の止」をそれぞれに従って実習し、心が身体的要素（事の相）へと意識的に集中され、一応の止まりを得たところで、次にはその意識的に集中している心の状態から、その意識的に止めようとする心を捨てることである。さきの「二つの止」を実習すると、自己の身体的要素に繋縁された所観の境が意識されて、それを心に取ると妄念が生じ相続されるので、それは「ことごとく因縁より生じて自性あることなし」、「心に取らず」と、その所観の境から一定の距離を置き、生ずるままに受け流しておけば「もし心に取らざればすなわち妄念は息む」という。

そして、三の「体真の止」の極まったところを、「もしよく心の本源（無為）に安んずれば、すなわち染著なし。もし心に染著なければ、一切の生死の業行は止息す。もし生死の業行が止息すれば、すなわちこれ涅槃なり」と、理想の境、天台によって経験された境地（宗教体験）が語られている。

これが、さきに天台が語った三昧の境地である。止業を実習して、五つの要素（五陰）のなかで身体的な要素を構成する色陰から受陰・想陰・行陰と徐々に離れてゆき、最終的には身体的な要素を離れて三昧の境へといたり、純粋な精神世界（識陰）そのものを体験するのである。心理的な過程でいえば、それは私たちの無意識の世界（不可思議の境）であって、通常自分を認識する意識（思議の境）ではないのである。

これは一見すると、「心に取らず」の表現などから、③「意識の精神的要素への集中」に相応するものと思いがちであるが、この「体真の止」はあくまで「繫縁守境の止」「制心の止」を基礎として、自己の身体的要素への意識集中が深まった状態を示している。そして、いままでは身体的要素に繫縁された所観の境を意識していたものが、それによって「体真の止」として、能観と所観の分別できない心の状態、観ている心と観られている心が一如の状態にあることを示しているのである。これは、意識を身体的要素へと集中する延長線上で、その極まった状態を表現しているのであって、②「意識の身体的要素への集中」に相応しているといえる。

次に「二の観を修す」について

この「二の観」に、「一には対治の観、二には正観なり」の二種が明かされる。

一「対治の観」とは、「不浄観は婬欲を対治し、瞋恚を対治する（等の）ごとし」と、これは止観業を実習するに際して、その問題となっている一々の事象を対治するための観法なので、いまは説明しないという。

二「正観」とは、「すなわちこれ諸法の実相を観ずる智慧なり」と、この世界のあるがままの姿を素直に観ずる智慧であるという。また「もし行者が初めて坐禅せんとき、心の縁ずるところに随って、一切の諸法は念念に住せず、上のごとく体真の止を用うといえどもしかも妄念が息まざれば、そのときにはまさに心の縁ずるところの一切の諸法に随うべし。もしくは善、もしくは悪、もしくは無記、もしくは三毒の貪・瞋・痴等なり。もし一切の世間の事を念ぜば、すなわちまさに反って起こるところの心を観ずべし」と、初心の行者は坐禅をしていても、心が種々の対境に執らわれるために一つに絞れず、「体真の止」を用いても妄念がやまない場合には、「自律訓練法」の「安静訓練」、分類の②「意識の身体的要素への集中」で は効果があがらない者には、第二段階の「黙想訓練」、分類の③「意識の精神的要素への集中」によってイメージによる無意識の思考を進めたように、その心がひっかかっている善事、悪事、無記、三毒などの妄念は湧くままにして、無理に止めようとせず、かえってそれを対境としてじっくり観想すべきであるという。

これは、心に縁ずる善事、悪事、無記、三毒などのイメージ(妄念)へと意識を向けて、その湧きでる無意識的な心との対話を示しているのである。ここでいう対話とは、一般的な言葉による対話とは異なり、湧きあがる妄念に動揺することなくそれを受け流し、第三者的にその妄念をじっくり観察してゆくことである。さきの「体真の止」では、意識の身体的要素へと集中することで、心の動きを繫縁していたが、ここでは心中に湧きでる妄念という精神的要素への意識集中が示されおり、その湧きあがる妄念へと意識集中する過程で、一段止揚された高い立場で動揺することなく観照し、その妄念を受け流しながら、それが湧きでるままに傍観しているのである。

では、この心中ではどのように観想が行われているのだろうか。その主要部分を引用し理解を深めよう。「もし所観の心を得ざれば、あに能観の智を得ん。もし能観・所観の心を得ざれば、すなわち一切の心はみな不可得なり。もし一切の心が不可得ならば、一切の法もまた不可得なり。もし一切の法が不可得ならば、すなわち心に所依なし。もし心に所依なければ、憶念するところなし。もし憶念するところなければ、すなわち顚倒の想は断ず。もし顚倒の想が断ぜば、すなわち心に分別なし。もし心に分別なければ、すなわち諍論の心は息む。もし諍論の心が息まば、すなわち愛恚なし。もし愛恚なければ、すなわち覚観挙縁は起こらず。もし覚観挙縁が起こらざれば、すなわち心身は寂然たり。もし心身が寂然たらば、正定を得。もし正定を得れば、すなわち真実の智慧を発して、永く一切の生死を離る」（『天台小止観』一〇三頁）と、これは止観業の実習者が意識を湧きあがる妄念などの精神的要素に集中して、その妄念に動揺することなく、高い次元から自分自身と対話した模範的な解答が示されている。

とくにこの天台の論述過程には、さきに東洋思想の思考の根底には修行による体験が前提されていると指摘したように、止の作法と観の作法（止観業）、つまり意識の身体的要素と精神的要素への臨機応変の集中によって、心と身体がともに調適された結果から生じてきた解答であり、一般論理や観念的な思弁とは異なるものである。ここまでは、明らかに③「意識の精神的要素への集中」に相応していることがわかる。

第一「於坐中修止観者」の二「心の沈浮の病を対治せんとして止観を修す」について二「心の沈浮の病を対治せんとして止観を修す」では、「行者が坐禅のときにおいて、その心が暗く塞がりて無記懵憒《とうもう》ならん。あるいは時として睡多からん。その時は観を修して照了すべし」と、止観業を実習するときに心が暗く気が晴れず、また理由もなく滅入ってしまい、心がはっきりとしないときには、「正観」を実習して心を明るく照らせというう（『帳中記』二四八頁）。また、「その心が浮動し軽躁して安からざれば、そのときはまさに止を修して止むべし」と、心が外に向かって動いてしまうときには、さらに「体真の止」を実習して動揺を止めよというのである（『帳中記』二四八頁）。ここでは止と観の作法、②「意識の身体的要素への集中」と③「意識の精神的要素への集中」の臨機応変の応用による沈と浮の対治が示されていることがわかる。

第一「於坐中修止観者」の三「便宜に随って止観を修す」について

三「便宜に随って止観を修す」では、初めに心が滅入って沈んでいるとき、それを対治するため観によって心を観照しても、「心は明浄ならず、また法利なければ、そのときにはまさに試みに止を修してこれを止むべし」と、また心が浮動しているとき、それを対治するために止を修しても、「心は住せず、また法利なければ、まさに試みに観を修すべし」と、ここでは止と観の作法を時に臨んで便宜にしたがって実習することを示している。そして、その結果として「心神は安穏にして煩悩の患は息み、諸の法門を証せん」と、理想的な状態が誘導されることが示されている。ここでは止と観の作法、②「意識の身体的要素への集中」と③「意識の精神的要素への集中」の臨機応変の応用による沈と浮の対治が示されていることがわかる。

第一「於坐中修止観者」の四「定中の細心を対治せんとして止観を修す」について

四「定中の細心を対治せんとして止観を修す」では、「行者が止観を用いて麁乱を対破すれば、乱心すでに息んですなわち定に入るを得ん。定心は細なるが故に身は空寂にして快楽を受くるを覚え、あるいは利便の心発とてよく細心をもって偏邪の理を取らん」と、修行者が止観業を実習することで心の粗々しい動きを安定させて定に入る。すると、そのなかでは余分な心の動揺が抑えられているために、身体の感覚は空寂としてその存在がわからずに、とても気持ちがよくなったりする。また場合によっては、その状態が優れた境地であると名利に執着するようになることがあるという。これを対治するために止観業を実習するというのである。ここでは止と観の作法、②「意識の身体的要素への集中」と③「意識の精神的要素への集中」の臨機応変の応用によって名利心の対治が示されていることがわかる。

第一「於坐中修止観者」の五「定・慧を均斉ならしめるために止観を修す」について五「定・慧を均斉ならしめるために止観を修す」では、坐禅を修行するときに、止業あるいは観業を実習して禅定に入ったとしても、「もし観慧無ければこれを痴定となし、結を断ずること能わざらん。あるいは観慧が微少なれば、すなわち真慧を発起して諸の結使を断じ、諸の法門を発すること能わざらん。そのときまさに観を修して破析すべし」といい、また止観業によって智慧を得たとしても定心が少なければ、「定心少なきが故にすなわち心は動散す。故に風中の燈が物を照らすこと了《あき》らかならざるがごとくならん。……そのときにはまさに止を修すべし」と、止と観の作法を均等に行い、定（サマーディ samādhi）と慧（プラジュニャー prajñā）の二法に偏りなく均斉になることの必要性が力説されている。ここでは止と観の作法、②「意識の身体的要素への集中」と③「意識の精神的要素への集中」の臨機応変の応用が示されて、定・慧の二法を均等に実習することの必要性が示されていることがわかる。

そして、これらを総括して、「行者が、もしよくかくのごとく端身正坐のなかにおいて、よくこの五番に止観を修する（坐禅の五項目）の意を用い、取捨その宜しきを失わざれば、まさに知るべし、この人はよく仏法を修するが故に、必ず一生において空しく過ぎざるなり」と、この第六章「正修行」第一「坐中において止観を修す」の「一には、初心の麁乱を対治せんとして止観を修す。二には、心の沈浮の病を対治せんとして止観を修す。三には、便宜に随って止観を修す。四には、定中の細心を対治せんとして止観を修す。五には、定、慧の均斉ならしめんがために止観を修す」の五つをあげて、この「坐禅の五項目」（修五番止観）が止観業の基本になることを力説している。

とくに、この五番のうち第一の「初心の麁乱を対治せんとして止観を修す」には、「一の止」（②「意識の身体的要素への集中」）として「繋縁守境の止」「制心の止」「体真の止」が挙げられ、また「二の観」（③「意識の精神的要素への集中」）として「正観」の作法が示されており、これらの作法が止観業を実習をするうえでは最も基本となることが明らかになったのである。

・第六章「正修行」第二「歴縁対境修止観者」について

さきの第一「於坐中修止観者」につづいて、第二の「縁に歴《わた》り境に対して止観を修す」には、日常の起居動作の「行住坐臥」において止観業を実習する場合を挙げている。

初めに「縁に歴り止観を修す」とは、六種の縁となる「一に行、二に住、三に坐、四に臥、五に作作、六に言語」において止観業を実習することであり、次の「境に対して止観を修す」とは、六塵の境となる「一に眼は色に対し、二に耳は声に対し、三に鼻は香に対し、四に舌は味に対し、五に身は触に対し、六に意は法に対」して止観業を実習することである。そして、おのおのについてはさきのように「修五番止観に止観を修するの意あり、前に分別せるがごとし」と、やはり「坐禅の五項目」が基本となっていることが示されている。

とくに本論中で、天台は「端身常坐をすなわち入道の勝要となすも、しかも累あるの身は必ず事の縁に渉らん。……もし一切の時のなかにおいて、常に定慧の方便を修さば、まさに知るべし、この人は必ずよく一切の仏法に通達せん」と、「坐中に止観を修すること」が最も基本であるとしながらも、ヒトには現実生活（種々の諸法）があるために、その実際のなかで止観業を実習することが必要であるといい、「縁に歴り境に対して止観を修す」を明かしている。

つまり、日常生活のすべては、行・住・坐・臥・作作・言語の六つの所作（六種の縁）におさまり、またヒトの眼・耳・鼻・舌・身・意の感覚器官（六根）には、それぞれ色・声・香・味・触・法（六塵）の情報に対応する感覚（執着の対象）がある。この六つの所作と意識された六つの感覚（六塵の境）を合計した「十二の事柄」には日常生活のすべての「おこない」が集約されている。そのため日常生活の一々の行為について、「坐禅の五項目」に適応した形で止観業が実習されれば行為が修行そのものになり、すべての行為を通じて三昧の状態が誘導できるというのである（同、一〇九～一二五頁）。

以上は止と観の作法、②「意識の身体的要素への集中」と③「意識の精神的要素への集中」を六つの所作と意識された六つの感覚に応じて実習するのであり、ここでも止業と観業の臨機応変の応用、つまり、②「意識の身体的要素への集中」と③「意識の精神的要素への集中」の臨機応変の応用が示されていることがわかる。

7 『天台小止観』第七章「善根発相」

次に、第七章「善根が発する相」（『天台小止観』一三一～一四五頁）については、「信・進・念・定・慧」の五根を修めることで善根の相が現われるようになるという。そして、この善根は八正道を過ぎて涅槃にいたる根元であるから「善根」といい、また発とは開発のことであり、それは前兆であって禅定の智慧としての善を証得する芽を意味しているという（『帳中記』二九二頁）。

これは『天台小止観』の第一章「縁を具えよ」から、第二章「欲を呵せ」、第三章「蓋を棄てよ」、第四章「調和」、第五章「方便行」、第六「正修行」までの止観業を実習する過程から生じた結果である。

これを自律訓練法の分類でいえば、

①「訓練を始めるために、心身をリラックスさせる条件」

（1）外界からの刺激の除去

（2）内部からの刺激の除去

（3）姿勢の安定

（4）閉眼

②「意識の身体的要素への集中」

③「意識の精神的要素への集中」

の三つの段階を実習することによって生じてくる結果で、涅槃という理想的な心身の状態へといたるときに経験する前兆（善根）の相を示しているのである。天台は、この善根の相には「一に外の善根の発する相と、二に内に善根が発する相」の二種類があるとしながらも、第一「外の善根の発する相」とは、生活行為の一々に関わることなので、いまは分別しないという。

この生活行為の一々に関わることとは、止観業を実習することで日常生活のありようが健全になるということである。たとえば、荒々しい暴力的なこと、嘘をつくこと、性欲や物欲などの感情的なことが修まり、周囲の人たちに善行をなすなどの「おこない」のことである。

その第二「内に善根が発する相」として、一「いかなるをか内に善根が発する相と名づくるや」、二「真偽を分別する」、三「止観を修して諸の善根を長養することを明かす」の三つの意が示されている。

第二「内に善根が発する相」の一「いかなるをか内に善根が発する相と名づくるや」についてこの一「いかなるをか内に善根が発する相と名づくるや」には、さらに五つがある。

一「息道の善根が発する相」
二「不浄観の善根が発する相」
三「慈心の善根が発する相」
四「因縁を観ずる善根が発する相」
五「念仏の善根が発する相」

一「息道の善根が発する相」とは、「行者がよく止観を修するが故に、心身調適して妄想は起こらず、これに因っておのずからその心は漸漸に定に入り、欲界および未到地等の定を発し、心身は泯然として空寂に、定心の安穏なるを覚ゆ。この定のなかにおいてすべて心身の相貌をみざらん」という。

これは、止観業を実習して心と身体が調適し、いままで悩まされていた妄念がやみ、それによって心的には徐々に定が深まると、まず欲界という婬欲や食欲などにからんだ心理状態から、未到地という欲界の諸欲を超えた色界の初めの心理状態で定を経験するという。また、その定中における心理状態は安穏でありながら、そのなかでは心身の状態を的確に把握することができるという。

さらに、このままの心身の状態がある一定の期間に安定してつづくようになると、「息を将《もち》うるに所を得て、退せず失せず」と、その状態で一呼吸がとても長くなって調うと、次のような心身の変化が起きるという。

まず、初めに「定のなかにおいて忽ちに心身が運動して、八触がしかも発することを覚えん。八触とは、いわゆる身の動、痒、冷、煖、棄、重、渋、滑等を覚ゆるなり。触が発するときにあたって心身は安定し、虚微悦予し、快楽にして清浄なること喩をなすべからず。これを数息(観)の根本禅定の善根が発する相となす」といい、この定中では心身が運動して八触が経験されるという。この八触(動、痒、冷、煖、軽、重、渋、滑)とは、初禅定を得るときに経験する身体的な八種の感覚といわれ(『天台小止観』一四一頁註四)、身体に表れる無意識の感覚として、「動」はピクピクと動く感じ、「痒」はムズムズする感じ、「冷」はつめたさ、「煖」はあたたかさ、「軽」はかるくなる感じ、「重」はおもくなる感じ、「渋」は引き締まるような感じ、「滑」

は弛むような感じをいう。そして、この感覚が起こった後には、心と身体の関係が調和して気持ちよく、清浄な喩えようのない気分になるという。これを「数息観」(ānāpāna-sati 安般守意)といって、出入りする呼吸を数えることに精神を集中する観想法(同、一四一頁註五)のことで、禅定の根本となるものが成就する前兆の状態であるという。

また、その状態で「息の出入の長短、遍身の毛孔がみなことごとく虚疎なることを覚え、すなわち心眼をもって身内の三十六物を見ること、なお倉を開いて麻・麦・穀・豆等を見るがごとくならん。心は大いに驚喜し、寂静にして安快なり。これを随息(観)・(十六)特勝の善根が発するの相となす」といい、さきの安定した禅定のなかでの呼吸は全身の毛孔から出入りしているような状態(息の出入りがわからないほど静かな呼吸)になる。すると、心の眼には身体を構成する三十六種の物が見えるようになるという(同、一四一註七)。このときにも、心は静かに快く安定しているという。これを「随息観」といって、出入りする呼吸に心身をゆだねて、数息観で呼吸の数を意識している意識を捨てた状態、十六特勝が成就する前兆の状態だというのである。これはまさに④「その結果として生ずる心身の変化」に相応していることがわかる。

この第七章の「善根が発する相」は、まさに自律訓練法によって瞑想状態が深まるときに生ずる「自律性解放」と呼ばれる心身の両面にわたる反応、分類では④「その結果として生ずる心身の変化」であるが、これらに相応する具体的な箇所を挙げて理解を深めよう。

まず、一「いかなるをか内に善根が発する相」の一「息道の善根が発する相」

・初めの数息（観）の根本禅定の善根が発する相について

「定のなかにおいて忽ちに心身が運動して、八触がしかも発することを覚えん。八触とは、いわゆる身の動、痒、冷、煖、軽、重、渋、滑等を覚ゆるなり。触が発するときにあたって心身は安定し、虚微悦予し、快楽にして清浄なることを喩をなすべからず」は、④「その結果として生ずる心身の変化」の（１）の身体の一部がジンジンする、しびれる、かゆくなる、針で刺すような感じがするなどの「感覚反応」と、（２）の筋肉がピクピクする、指が震えるなどの「運動反応」に相応していることがわかる。

・次に随息（観）・（十六）特勝の善根が発するの相について

「息の出入の長短、遍身の毛孔がみなことごとく虚疎なることを覚え、すなわち心眼をもって身内の三十六物を見ること、なお倉を開いて麻・麦・穀・豆等を見るがごとくならん。心は大いに驚喜し、寂静にして安快なり」は、④「その結果として生ずる心身の変化」の（３）ものが見えたり、音が聞こえたりなどの幻覚、涙が流れる、唾液がでる、心臓がドキドキする、お腹がゴロゴロ鳴るなどの「自律神経系の反応」と、（４）過去の思い出、空想的イメージや感情興奮などの「心理的反応」に明らかに相応していることがわかる。

このように相応箇所を整理すると、第七章「善根が発する相」は、まさに自律訓練法でいう「自律性解放」によって生ずる心身の両面にわたる変化そのものであることがわかるとともに、自律訓練法では単に治療効果を上げるための自律性解放の反応が、実は天台によれば、それは単なる反応に止まらずに、心の成長過程を示す指標であり、心の地図そのものであることがわかる。

初めは数息観によって、呼吸の数に意識集中して根本禅定が誘導されれば、④「その結果として生ずる心身の変化」の（1）の身体の一部がジンジンする、しびれる、かゆくなる、針で刺すような感じがするなどの「感覚反応」と、（2）の筋肉がピクピクする、指が震えるなどの「運動反応」に相応した根本禅定の善根の相が発するようになる。

また、随息観によって、出入りする呼吸に心身をゆだねることで、数息観で行っていた意識的な意識集中を捨てた状態が誘導されれば、④「その結果として生ずる心身の変化」の（3）ものが見えたり、音が聞こえたりなどの幻覚、涙が流れる、唾液がでる、心臓がドキドキする、お腹がゴロゴロ鳴るなどの「自律神経系の反応」と、（4）過去の思い出、空想的イメージや感情興奮等の「心理的反応」に相応した十六特勝の善根の相が発するようになる。

そして、このような善根の相が現われてくるというのは、それは八正道（正見〈正しい見解〉・正思惟〈正しい決意〉・正語〈正しい言葉〉・正業〈正しい行為〉・正命〈正しい生活〉・正精進〈正しい努力〉・正念〈正しい思念〉・正定〈正しい瞑想〉）など修行の基本を通じて悟りの境地である涅槃へと深まったことを示し、それは禅定の智慧による善を証得する前兆であるという。まさに、そこには修行法によって進化する心の地図が示されているといえる。

ところで、そのほかの二「不浄観の善根が発する相」、三「慈心の善根が発する相」、四「因縁を観ずる善根が発する相」、五「念仏の善根が発する相」は、「善根の相」という理想的状態へといたるために経験する前兆の相を示すというよりは、宗教的な心身の理想状態についての記述であり、また第二の「真偽を分別する」と第三の「止観を修して諸の善根を長養することを明かす」はともに、第六章「正修行」に示される止業と観業、②「意識の身体的要素への集中」と③「意識の精神的要素への集中」の臨機応変の応用に含まれ、また、第八章「魔事を覚知せよ」、第九章「病患を治す」は、ともに自律訓練法の分類に相応しないため、ここでは論及しないが、後に章を改めて論ずることにする。

8 『天台小止観』第十章「証果」の概略

次に、第十章「証果」では、天台が体得した宗教的な心身の理想状態、三昧状態から自己の存在を観照した宗教経験（自己実現の体験）が語られている。そもそも自律訓練法は心理療法であって、神経症や心身症などによる社会的不適合を解消する目的で構築されているため、不適応の原因である心理ストレスが自律性解放によって情動として発散し解消すればよいのである。しかし、天台は止観業の実習によって生ずる自律性解放の感覚反応、運動反応、自律神経系の反応、心理的反応などを心の進化の過程（善根発相）と捉え、そこから涅槃の境地を導きだすために語っているのである。これが、この第十章「証果」なのである。

その意味では、この章の解説は自律訓練法との比較範囲を超えて観念的になるが、自律訓練法では単なる無意識に蓄積したストレスの発散として扱われた自律性解放が、『天台小止観』ではその発散される無意識と向かい合うことで、それを「善根が発する相」という心の進化の過程として捉えていることがまことに興味深いので、多少なりとも観念的になるが、あえて解説してみよう。

天台大師は自分自身の修行過程をふり返って、修行者は第六章「正修行」に示された作法とその実際に従って止観業を実習すべきであるという。まず「繋縁守境の止」「制心の止」の一つひとつに即して実習し、心が身体的要素（事相）へと集中し一応の止まりを得たところで、次にはその心、止めようとする心を捨てるように「体真の止」を実習する。その時の心理状態は「ことごとく因縁より生じて自性あることなし」として「心に取らず」、念いが生ずるままに受け流しておけば「もし心に取らざればすなわち妄念は息む」と、「体真の止」の極まった状態が実現する。すると、能観と所観の分別できない三昧状態、つまり「そのときに上は仏果を見ず、下は衆生の度すべきを見ず」の境地、分別を超えて無分別の境地になるという。

この過程は「従仮入空の観」と呼ばれ、心が実際の身体的要素に集中されている状態（繋縁）で、それは空・無差別の境に入る観想法を意味し、諸法の虚仮・不実なることを照らして空の理を証することを示しているという（同、一八八頁註一）。

また、これは「二諦観」「慧眼」「一切智」といい、この観に執着すると声聞・辟支仏の地に堕ちることになるという。この観の状態は定力のみが強いために、仏性が見えなくなっているからである（同、一七五頁要旨）。

次に、菩薩が一切の衆生を教化し仏法を成就するためには、二乗（声聞乗・縁覚乗）のように無為に執着しないように「従空入仮の観」を実習し、心性は空であるとの立場にありながら、衆生を救済することを目的（縁対）として「見聞覚知等の相貌あって、差別は不同なり」と観じて執着の想いを起こさないように、その救済を実践し六道の衆生を利益することが示されている。これは「方便随縁の止」と呼ばれ、巧みな方便で現実の諸相に随縁することを示しているのである（同、一八八頁註七）。また、これは「平等観」「法眼」「道種智」といい、この観のなかに安住してしまうと智慧力のみが強くなり、仏性を見たとしても明了ではなく、また菩薩がこの二観を得たとしても、これは方便の観門であり正観ではないというのである。

そして、「もし菩薩が一念において一切の仏法を具足せんと欲せば、まさに二辺の分別を息めるの止（息二辺分別の止）を修し、中道の正観を行ずべし」と、さきの「従仮入空の観」による「体真の止」と、「従空入仮の観」による「方便随縁の止」を双照して、空と仮のいずれにも執らわれない不偏の中道に住することの必要性を示している（同、一八九頁註一五）。この正観を仏眼といい、一切種智という。またこの観に住すると、「すなわちこれ定慧の力は等しくして了了に仏性を見る」といい、これらは「初心の菩薩が止観を修することに因って果を証するの相」を示しているのである。

次に、後心の証果の相について、「後心の所証の境界は、すなわち知るべからざるも、いま教に明かすところを推するに、止観の二法を離れず」といい、『法華経』は観に約して果を明かして「智慧はすなわち観の義なり」といい、そして「この観智に約して果を明かすといえども、すなわち止を摂す」という。『涅槃経』は止に約して果を明かして「定とはすなわちこれ止の義なり」といい、また「涅槃経は止に約して果を明かすといえども、また観を摂す」という。天台は『法華経』と『涅槃経』の二大経から「止業と観業」の二つの作法を解説しながら、その止観の二業に相応する定と慧の両門によって、自己の宗教体験の極果を「みな止観の二心を修するに約して果を弁ず」と明かしているのである。

9 「自律訓練法」の四つの分類と『天台小止観』との相応箇所

いままでに相応した箇所を「自律訓練法」の四つの分類から整理すると、次のようになる。

〈①「訓練を始めるために、心身をリラックスさせる条件」として心理的、身体的な緊張を緩めて、練習前に全体的に弛緩しやすい環境を調えるの四種について〉

・第一章の「縁を具えよ」の「五縁」は(1)「外界からの刺激の除去」に相応。
・第二章の「欲を呵せ」の「五欲」は(1)「外界からの刺激の除去」に相応。
・第三章の「蓋を棄てよ」の「五蓋」は(2)「内部からの刺激の除去」に相応。
・第四章の「調和」では、五法の「飲食の調節」「睡眠の調節」までは、(2)「内部からの刺激の除去」に相応している。

次に、「調身」「調息」「調心」までの三事についての「入・住・出」の相として、第一「禅に入るときに三事を調う」の「調身」は(3)「姿勢の安定」、(4)「閉眼にする」に相応している。

第一「禅に入るときに三事を調う」の「調息」は（2）「内部からの刺激の除去」に相応している。

第一「禅に入るときに三事を調う」の「調心」は（2）「内部からの刺激の除去」に相応している。

第二「坐に住するなかに三事を調う」は（1）から（4）の全体に相応している。

第三「（禅を）出ずるときに三事を調う」は（1）から（4）の全体に相応している。

・第五章「方便行」の五法は（1）から（4）の全体に相応している。

〈②「意識の身体的要素への集中」として、身体的要素に対する言葉による受動的注意集中によって、情動として身体のうえに表れている生理的緊張の弛緩を促すについて〉

・第六章「正修行」の二種、その一の「坐中に修す」に五つがあり、

その一「初心の麁乱を対治せんとして止観を修の所」に「止と観」の二種、そして、この「一の止」に三種、一の「繋縁守境の止」、二の「制心の止」、三の「体真の止」は、この②「意識の身体的要素への集中」に相応している。

〈③「意識の精神的要素への集中」として、②「意識の身体的要素への集中」で得られた身体生理の弛緩状態によって解放された、精神的要素への受動的注意集中によって情動意識の発散をはかり、心と身体のバランスを調整するについて〉

・第六章「正修行」の二種、その一の「坐中に修す」に五つがあり、

一「初心の麁乱を対治せんとして止観を修す」に「止と観」の二種、この「二の観」にさらに二種あり、一の「対治の観」、二の「正観」、この二つでは「対治の観」は分別しない。二の「正観」は、③「意識の精神的要素への集中」に相応している。

〈②「意識の身体的要素への集中」と③「意識の精神的要素への集中」の両方にわたる応用について〉

・第六章「正修行」の第一「坐中において止観を修す」

二「心の沈浮の病を対治せんとして止観を修す」

三「便宜に随って止観を修す」

四「定中の細心を対治せんとして止観を修す」

五「定・慧を均斉ならしめるために止観を修す」

がそれぞれ相応する。

第六章「正修行」の二種の第二「縁に歴り境に対して止観を修す」も相応する。

〈④「その結果として生ずる心身の変化」として、①②③までを通じて「自律性解放」と呼ばれる心身の両面にわたる情動の発散を積極的に進め、それを受動的に受けとめるときに生ずる四種の身体的、心理的な変化が示された〉

・第七章の「善根が発する相」に二種

その二には「内に善根が発する相」として、三つの意が示される。

初めの一「いかなるをか内に善根が発する相」の一の「息道の善根が発する相」に二種がある。

初めの数息(観)の根本禅定の善根が発するの相は（1）「感覚反応」と（2）「運動反応」に相応している。

次に随息(観)・(十六)特勝の善根が発するの相は（3）「自律神経系の反応と（4）「心理的反応」に相応している。

10　これまでを総合しての解説

まさに『天台小止観』の「止観業」の双用による「坐禅の五項目」の作法が、自律訓練法の技法と確実に相応していることがわかった。どのように相応しているかといえば、自律訓練法では分類の②「意識の身体的要素への集中」と、③「意識の精神的要素への集中」とを中心にして実習することによって、変性意識状態に誘導し、情動発散を円滑に促すことで、心理療法として治療的効果を上げていた。

『天台小止観』では同様に分類の②と③に相応する「止業」（止の方法）と「観業」（観の方法）を中心に実習することで安定した自律的ＡＳＣに誘導し、それによって私たちの心と身体（意識と無意識、知識と感情）とを繋ぐ懸け橋である「情動」を巧みにコントロールし、私たちの心身の両面に働きかける方法であることが理解できたのである。

それによって自律訓練法は、社会的な不適応を起こしている病者をして、人間の本来あるべき姿に近づけるものであり、『天台小止観』は凡人をしてより理想的状態、全人的状態、仏陀釈迦牟尼の存在へと近づけることをめざしている。

とくに、自律訓練法では単に心理ストレスの発散として扱われていた自律性解放による心身の変化が、『天台小止観』では心の進化の過程（善根が発する相）であって、凡人が仏陀釈迦牟尼の存在へと自己成長する過程と捉えていることには重要な意義が含まれているといえる。まさにそこには、修行法によって進化する心の地図が描かれているからである。

そして、これらの知識をふまえて、止観という仏教用語を理解すれば、止観の止業とは「意識の身体的要素への集中」であり、「定の義」といえる。そして、観業とは「意識の精神的要素への集中」であり、「智慧の義」といえるのである。

これは、中村元博士がインド学の立場から、止のほうが禅定にとって本質的なものであり、観はむしろ知慧を本質とするものであるとして、その構造を『法句経』(Dhammpada)「知慧のない者には、禅定(jhāna)がない。禅定のない者には、知慧(paññā)がない。禅定と知慧とをそなえた者は、涅槃(nibbāna)の近くにいる」の句と比較した、次の図式とよく一致している。

止業……禅定……心解脱……情的
観業……知慧……慧解脱……知的

(中村元「原始仏教における止観」〈関口真大編『止観の研究』岩波書店、一九七五年所収〉四〇頁)

つまり、この図式はこれまでの知見から解説すれば、

止業(禅定)……情的(身体性)＝「意識の身体的要素への集中」
観業(知慧)……知的(精神性)＝「意識の精神的要素への集中」

と理解できる。

まさに『天台小止観』に示される東洋的修行法の基本的な作法の「止観業」(止の作法と観の作法)の双用による「坐禅の五項目」のプロセスとは、第一章から第五章までの「訓練を始めるために、心身をリラックスさせる条件」という広義の生活環境から、身体性という狭義の環境へ

と自身を調え、次に止の方法（意識の身体的要素への集中）と、観の方法（意識の精神的要素への集中）の双用によって、一般的にいわれる変性意識状態からより安定した自律的ＡＳＣ状態へと誘導し、その結果として第七章の「善根が発する相」に示されたような自律性解放活動によって情動の発散を促し、修行者をして健全な心境、悟境へと導くプロセスであることが理解できたのである。

このように、行動科学的な知見によって構築されている自律訓練法と、仏教用語で語られた『天台小止観』とを比較することで、これまでどうしても観念的であった仏教用語に身体的な要素が付加され、より具体的に修行法が理解できたはずである。

第三章　止観業の実習における生理学的な評価

　これまで、自律訓練法が変性意識状態に誘導する四つの要素から、『天台小止観』の修行法の作法とその実際（技法）を比較しながら解説したが、そのプロセスはよく相応していた。まさに、さきの図式そのものである。

　止業（禅定）……情的（身体性）＝「意識の身体的要素への集中」
観業（知慧）……知的（精神性）＝「意識の精神的要素への集中」

　この図式では観念的な仏教用語が払拭され言葉に身体が対応しているために、理性の文化を基軸にしながらも、感性の文化である仏教をそのままに理解する試みは果たせているように思う。しかし、この自律訓練法と『天台小止観』の構造的な比較には、筆者の止観業の実習によるる宗教体験が含まれたとしても、それはあくまで文献による構造の比較が中心であって実際に即したものではなく、まだまだ観念的な解説の域を出ない。この章では、その比較から得られた結果をより実証的に理解するために、止観業の実習時における生理心理学的な考察の過程から解説しよう。ここからはさらに煩瑣になるばかりでなく、従来は人文科学の領域から哲学的な思惟の対象であった仏教が、経験科学の領域から生理心理学的な実験によって得られた数字を頼りに解説されるのである。飽きずにご辛抱願いたい。

はじめに、止観業の実習時の心理学的、生理学的な研究法について概説しておこう。ここでは止観の実習時の心身の変化を生理学的に計測し、修行者の心理学的な、生理学的な状態を明らかにした。生理学的な計測は汎用脳波計によって、脳波八チャンネル、容積脈波、微細振動(Minor Tremor)、鼻からの呼吸はサーミスター・ピックアップ、腹部呼吸はカーボンチューブ型ピックアップの五種類の評価を行った。その結果は、止観の実習によって誘導された状態は、「自律訓練法」によって誘導される変性意識状態(Altered State of Consciousness)と同様の状態が誘発されたばかりでなく、それによって情動の自律性解放活動(Autogenic Discharge Activity)が起きても安定した自律的ＡＳＣ(self-activated　ASC)と呼ばれる意識状態が誘導されていることも明らかとなったのである。これから、その実際を具体的に解説してゆこう。

1　修行者の修行法の深化に対する自己評価

今回のこの実験で用いた修行法は、修行法のオリジナルとしての止観業(常坐三昧)である。

その作法とその実際は『天台小止観』に示された「坐禅の五項目」にそって行われ、その修行者を生理学的に測定し評価した。修行者は当時四十歳の既婚男性、日蓮宗僧侶で修行歴二十余年、止観業ばかりではなく、読誦・唱題瞑想行、祈禱根本道場遠壽院大荒行、ヨーガ行などの経験者でもある。

はじめに、止観業を実習した修行者から、その修行法の深化過程に対する自己評価の報告を挙げておこう。修行者からの自己評価を自律訓練法にみられた自律的ＡＳＣの誘導プロセスの四種類の分類に従いながら整理すると、次のようであった。

①「練習を始めるために、心身をリラックスさせる条件」に相応する段階

これは『天台小止観』からは、第一章の「縁を具えよ」、第二章の「欲を呵せ」、第三章の「蓋を棄てよ」、第四章の「調和」までによって実現される。とくにこのなかでは、第四章「調和」に示された五法が重要になる。

「飲食調節」
「睡眠調節」
「調身」
「調息」

「調心」

ここで必要と思われる「調身」「調息」「調心」の三事について、その作法の実際を具体的に示すと次のようであった。

「調身」について

まず「調身」として、当日の午前七時には『天台小止観』にいう自按摩（yoga-āsana）を行った後に、静止（閉眼した安静状態）を含めて四〇分ほど行い、その後に研究室にて実習測定（午前一一時一五分〜午後一二時二〇分）を行った。

坐法は『天台小止観』では半跏趺坐、ヨーガのシッダ・アーサナ（siddha-āsana）を用い、定印（mudrā）は測定用のピックアップ装着の都合などによって、ヨーガ行法のギャナ・ムドラー（gyana-mudrā）を用い、そして坐具を当てて端坐し背筋を無理なく伸ばし安定させた。

口は軽く結び、舌は少し持ち上げ加減にし上顎に軽く付けるようにする。身体は曲がったり、反り返ったりすることなく、頭と頸筋を伸ばし、鼻と臍とが一直線になるように腰を引いて坐り、偏ることのないようにバランスをとる。つづいて、目も軽くつぶり外の光が遮れる程度にする。次に「身息」といって身体の状態が瞑想に適するように、意識的に呼吸を調えた。まず、口を開いて身体のなかにわだかまっているもろもろの念を吐ききると観念しながら、息を強く吐ききり、その後に鼻より清気を吸い入れる。これを五、六回行った後に、鼻からの呼吸に切りかえながら呼吸の調和をとり、さらに頭の上方から下方へと身体の余分な力を徐々に抜き安定させるように努めた。

「調息」について

次に「調息」へと進み、前段の「調身」からの引きつづきで、「身息」として行っていた意識的な腹式呼吸を充実させ、息相として呼吸の出入りが静かにスムーズに行われ、呼吸の出入りが安定し快くなるように留意した。

「調心」について

さらに「調心」へと進んだ段階で修行者は、実習時の心理状態について、詳細に報告している。その時の気分は、『天台小止観』に「沈相という抑鬱的な状態、浮相という外へと心が散乱し気持ちが上がっている状態、寛相というボヤッとした暗い心の状態、急相という無理矢理に意識を集中して執らわれている状態」など四つの気分が示されているが、当日は外へと心が散乱し気持ちが上がっている状態（浮相）に相応するものであった。そのため、その散乱し上気していた状態を安定させるために、意識を身体的要素の下方（臍下丹田を中心とした腹部太陽神経叢）へと集中させながら、呼吸は呼気を意識して、下実上虚（気のバランスが下半身で重く上半身で軽い）の実現に努めた。

これを要約すれば、瞑想状態に誘導するには「麁から細」へ、つまり「身体の外側から内側」に向かって瞑想に適する条件を調え、そして生理的、心理的な緊張を緩め、その全体が弛緩しやすいように、求心性の外部刺激となる身体的条件が「姿勢を調え、呼吸を調え、心気が身体的要素の下方に安定する」ように調えたのである。

②「意識の身体的要素への集中」に相応する段階

つづいて、情動として身体のうえに現われている生理的緊張の弛緩を促すために、身体的要素に意識をおいて受動的注意集中（passive concentration）を行う段階へと進む。これは『天台小止観』第六章「正修行」では止業（意識の身体的要素への集中）に相当し、これには「繫縁守境の止」「制心の止」「体真の止」の三つの段階が示される。

「繫縁守境の止」とは、これは意識を眉間や鼻先、あるいは臍下（気海）丹田という身体的要素（事相）へと集中することで心の散乱を止めること。

「制心の止」とは、これは心が五根（眼・耳・鼻・舌・身）という五つの感覚器官（身体的要素）からの情報によって動かされているのであるから、その五根からの情報に一定の距離をおき、意識的には動かすまいと心を制止すること。

「体真の止」とは、これは「繋縁守境の止」と「制心の止」をそれぞれに即して実習し、心が身体的要素（事相）に意識的に集中して一応の止まりを得たところで「その心、止めようとする心を捨てる」こと。

初めの「繋縁守境の止」と「制心の止」の二つの止業を実習すると、自分の身体的要素に集中しようとする自己意識（所観）が残り、その自己意識によって妄念が生じて相続されるので、その意識と一定の距離をおいて、それを生ずるままに受け流せという指示がある。

今回は、この「繋縁守境の止」「制心の止」という二つの止業の過程から評価すると、半跏趺坐とギャナ・ムドラーを応用して坐したので、中国医学でいう任脈、督脈の接点で肛門部と陰部との中間に位置する会陰が踵で刺激されているために、意識を身体的要素の下方（泌尿器系から丹田を中心とした腹部太陽神経叢）へと集中しやすかった。そして、前段階から引きつづき腹式呼吸（身息）を意識的に行い、呼吸の出入り（息相）が静かにスムーズになり、また呼吸の出入りが安定し快くなるまで行った。

しばらくすると、身体（肢体）の重量感が変化し、意識はあるが身体全体の重量感が増加しはじめ、まもなく手のひらと内股の温感（定印がギアナ・ムドラーなので手のひらが内股に密着している）が意識され、やがてその温感は会陰の泌尿器系から臍下丹田を中心とした腹部太陽神経叢へと広がってゆき、身体全体の温かさとして感じられ、ついにその温感は印堂（眉間）あたりに集中しはじめた。

そして、「体真の止」のように、身体的要素（事相）に意識を集中して一応の止まりを得たところで（生理的な弛緩状態の実現）、次に受動的に身体的要素へと集中しようとする意識を止めるため、その手のひらと内股の快い温かさに注意集中していると、ただその快い温かさだけになった状態が維持できるようになった。

その時の意識状態は、周りの音などは聞こえており、自分という意識はあるが、ただ皮膚などの身体存在に関わる体勢感覚や時間感覚はなく、呼吸はまったく無意識的に快く行われていただけであった（自然呼吸の実現）。修行者は、一応この段階で、『天台小止観』の「坐禅の五項目」、とくに「体真の止」の実習によって自律訓練法でいう「変性意識状態」が誘導されたと報告している。

その理由として、この状態からしばらくすると「自律性解放」と呼ばれる心身の両面にわたる情動の無意識的な発散が意識野に上がりはじめ、感覚反応として痒くなる感じ、ムズムズする感じなどの皮膚感覚や、運動反応として指や腕の一部の筋肉がピクピク動いたり、感情的なことが浮かんだりしはじめたからだという。

③「意識の精神的要素への集中」から④「その結果として生ずる心身の変化」に相応する段階

つづいて、さきの「二つの止業」の過程から「体真の止」へと進んだ段階で変性意識状態（瞑想状態）が誘導され、そこで自律訓練法でいう「自律性解放」によって瞑想状態が乱されはじめたときには、『天台小止観』第六章「正修行」では「観業（観の作法、意識の精神的要素への集中）」を用いて、「妄念」として立ち上がる精神的要素へと受動的注意集中を行う。

これは、自律訓練法でいう②「意識の身体的要素への集中（安静訓練）」では効果の上がらない場合には、③「意識の精神的要素への集中（黙想訓練）」によってイメージによる無意識の思考を進める段階である。今回は「体真の止」へと進んだ段階の情動発散で、仏教用語では宿業といって前世における善悪の行為の潜在的な力（pūrva-karma）や、現業といって現世における善悪の行為の潜在的な力によって、意識化された善事、悪事、無記、三毒などの妄念を涌くままにしておき、それを無理に止めないように心がけた。その作法として涌きあがる妄念に対して宗教的な精神的要素、今回は法華経の曼荼羅ご本尊の久遠本仏の統一的なイメージ、それを永遠の生命としての光（本有の光明）を観想しながら、それを身体や呼吸の心地よさとともに意識化して受け流すように心がけた。

宗教的にいえば、法華曼荼羅御本尊とは、日蓮聖人がお釈迦さまの久遠のいのちを法華経の説相から文字で図顕したもので、中央の南無妙法蓮華経は本有の光明として光り輝き、その光明に照らされてすべての成仏を象徴するものである。これは意識に浮かぶ妄念（情動）が本尊の生成する光明によって浄化されるイメージに意識を注意集中し、その無意識的な心との対話を意味するものである。また、ここでいう対話とは、本尊の光明に照らされるという宗教的なイメージによって、対話する本人はその時点で止揚されているために、自分の妄念を第三者的に観ており、そこでは宗教的な意味づけをもちながら、その妄念を受動的受容（passive acceptance）の態度で受け流しているのである。

このように宗教的なイメージとともに、その妄念を受容的な態度で受け流して行く過程が、じつに宗教的情操を練り上げる心の進化の過程であって、自律訓練法では単に治療効果を上げるための自律性解放の反応が、天台には善根の相が現われてくる過程であって、『天台小止観』第七章に「善根が発する相」として、悟りの境地である涅槃へといたる道筋が修行法によって進化する心の地図として語られているのである。まさにこういうところが、仏教が単なる観念的な思想信条ではなく、心の探究法そのものであることをうかがい知る場面でもある。

ところで、今回の約五〇分間におよぶ実習は、止業から観業へと移行し、「本有の光明」という光のイメージに照らされはじめたあたりで測定器の都合で中断してしまった。この段階では、心理療法の自律訓練法でいう安定した「自律的ASC」の状態は維持したといえる。しかし、修行法の作法とその実際である「坐禅の五項目」では止観業を双用することで「(禅)定と(智)慧」の二つが均等に成就されるという指示からすれば、本来止観業が求めている三昧状態ではなかったといえる。

天台は、「止業」を成就し生理的な深い弛緩状態を実現しても、「観業」を成就することによって、宗教的なイメージによって宿業や現業が浄化されなければ、それは本来の禅定ではなく「痴定」と呼ばれ、煩悩を解決する力とはならない、また「観業」によって宗教的なイメージを成就したとしても「定心(止業)」がなければ、やはり宿業や現業の浄化はおぼつかないという。それはあたかも風で揺れている蠟燭の炎が、物を照らし出すことができないようなものであり、ここに「禅定と智慧」の二つの均等性が必要であり、ここに身体性と精神性の調和した状態が求められる意味があるといえる。

今回の止観業の実習において、天台大師が求めているような三昧の状態が誘導されていなくとも、その途中の過程であったとしても、①「練習を始めるために、心身をリラックスさせる条件」の段階、②「意識の身体的要素への集中」の段階、③「意識の精神的要素への集中」の段階を通じて、④「その結果として生ずる心身の変化」の段階へと進んで自律性解放によって情動反応が生じたこと、また修行者に意識化された妄念（情動）が本尊の生成する光明によって浄化されるイメージに意識を注意集中することで、その妄想が宗教的な意味づけをもちながら受動的受容の態度で受け流されていることなどから、止観の実習によって悟境地である涅槃へと深まる過程と、禅定の智慧による善を証得する前兆を体験している心理生理状態であったといえる。

まさにそこには修行によって進化する修行者の心の地図が描かれている、と評価しても過言ではないはずである。

2　実習者の修行法の深化に対する生理学的な解説

ここでは、止観業の実習時の生理心理学的な実験によって計測した結果から解説しよう。まず、実習者がどのような装置を着装して止観を実習したか、次頁に図を示そう。

少し専門的になるが、実習者を測定した生理学的測定器は、日本電気三栄製の汎用脳波計（Electro Encefalogram 1A74）を用い、五つの生理学的測定を行った。

〈測定器具装着イメージ図〉

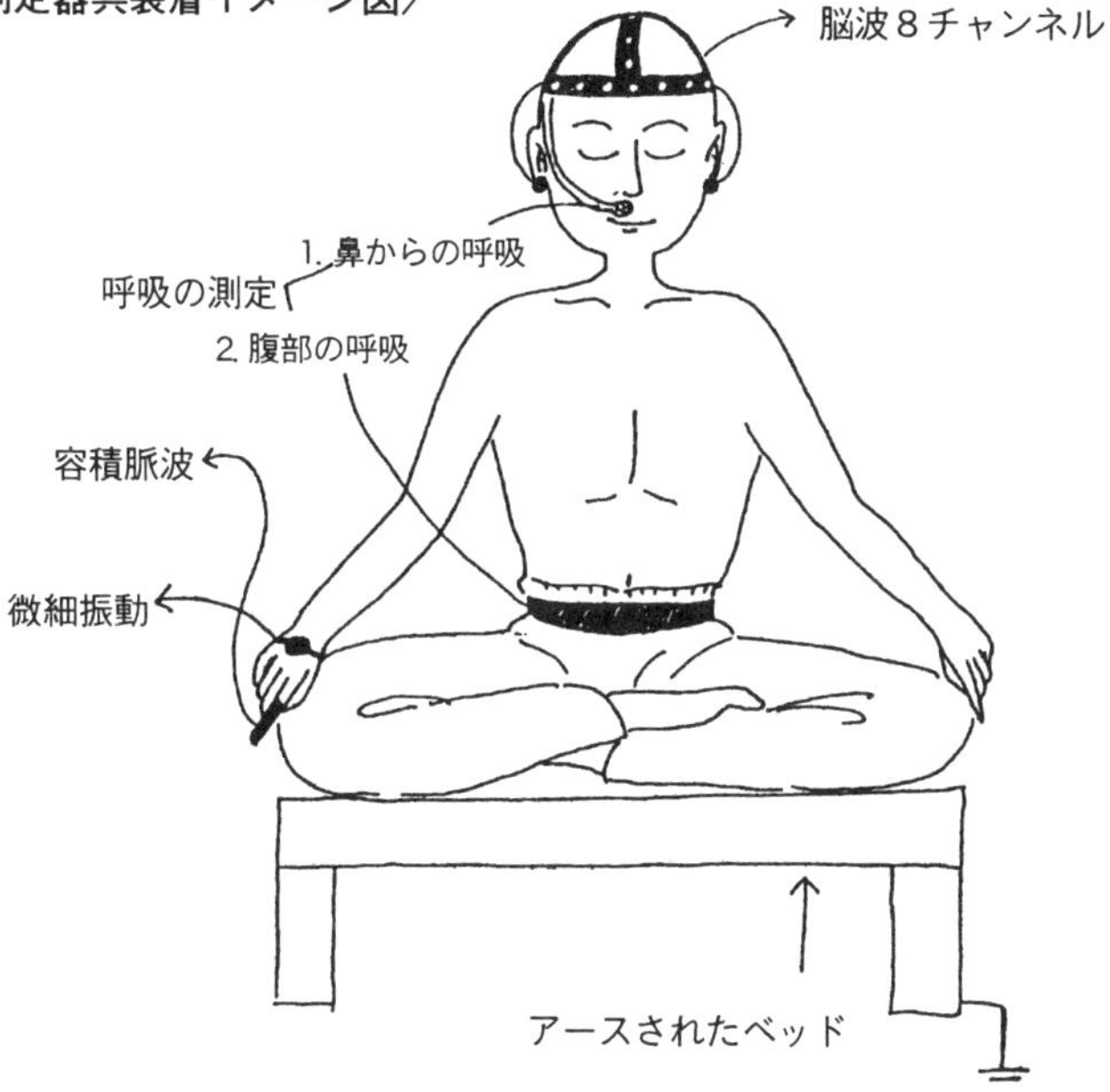

・脳波8チャンネル

脳波の測定にあたって、記録点は国際一〇—二〇法により、前頭（Fp1 Fp2）、頭頂（C3 C4）、後頭部（O1 O2）、側頭部（T3 T4）の四種類を8チャンネルで導出し、また基準電極を左右の耳朶に着装し、単極導出し脳波計に記録。

・容積脈波

脈波は指尖型ピックアップを用い、右手第二指より導出し脳波計に記録。

・微細振動（Minor Tremor）

ＭＴは右手の甲より導出し、皮膚の微小震動を脳波計に記録。

・鼻からの呼吸はサーミスター・ピ

ックアップ

外鼻孔にはサーミスターを装着し、呼吸時の気流による温度変化を記録し、鼻孔の気流を間接的に呼吸曲線として記録。

・腹部呼吸はカーボンチューブ型ピックアップ

腹式呼吸を確認するため、腹部にカーボンチューブ付きのバンドを丹田部の高さに合わせて装着し、カーボンチューブの伸縮による電気抵抗の変化を腹式呼吸曲線として記録。

また、計測機器が実習者の身体の微少な電位を計測するため、実習者は図のようにアースされたベッド上で坐具を用いて「半跏坐」にて座り、計測機器の計測確認のためにキャリブレーション記録一分間、その後に開眼安静時約三分間、閉眼安静時約三分間の記録を実施し、それから止観の実習を開始し測定を行った。その実習の作法については、被験者の経験により任意に決定した。さらに、実習の終了後にも三分間の安静時記録とキャリブレーション記録を一分行った後に測定を終了した。

また、実験期間中に被験者に三回の測定を行ったが、日常とは異なった環境での実習であったのと、限られた時間内で被験者の体調を調え、緊張を克服しての実習であったため、止観の実習が円滑に進んだと思われる測定は一回であった。このような段取りで実験を行った。

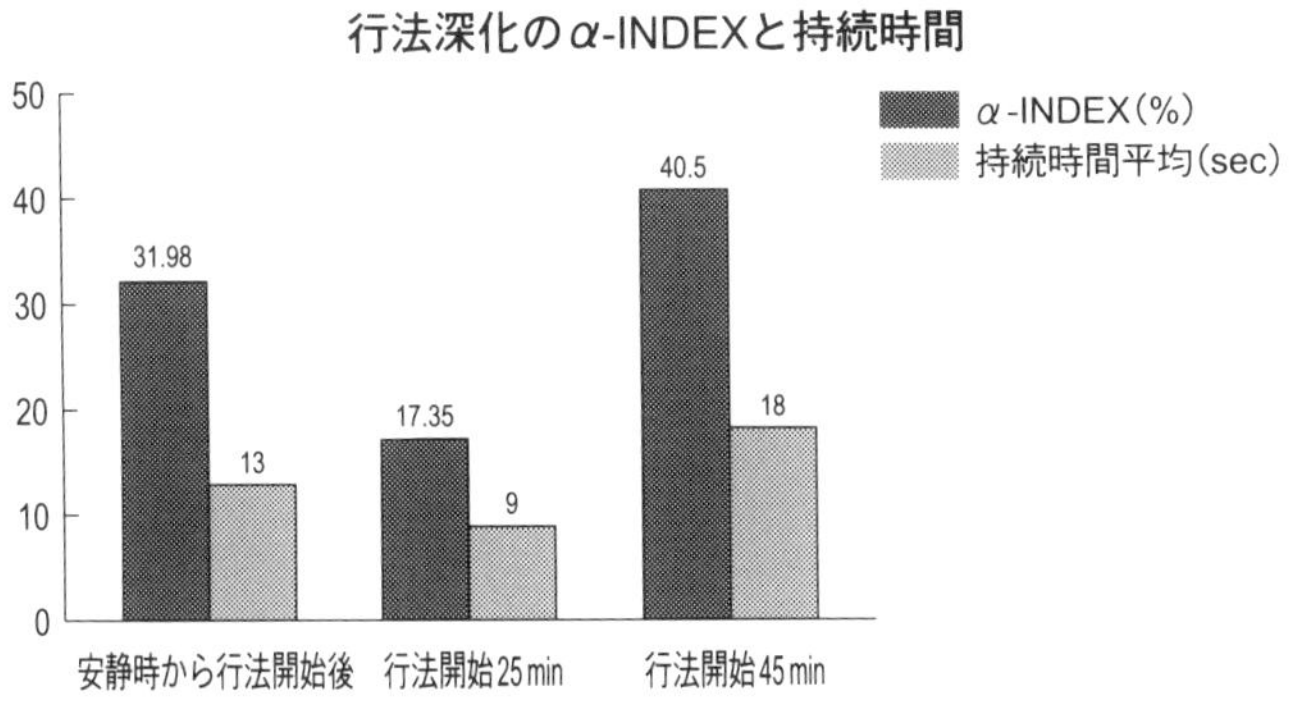

さて、実習者の生理学的データから仏教用語を解説しよう。とくに脳波のアルファー・インデックス（α-INDEX）の指標などを中心に評価すると、実習者の修行深化の過程が、次のように１「行法開始直後」、２「行法開始後二五分前後」、３「行法開始後四五分前後」の三つの段階に分類できた。

この三つの段階を、さきの実習者の報告を交えながら評価すると、止観の実習と自律訓練法にみられた「自律的ＡＳＣの誘導プロセス」の四種類の分類とたいへんよく相応していることがわかる。

１の行法開始直後（閉眼覚醒時）

この段階は、①「練習を始めるために、心身をリラックスさせる条件」から②「意識の身体的要素への集中（止の作法）」への実習によって、外界に向いていた意識が身体的な要素（呼吸、温感、重量感）へと集中されたことで、意識が単純化した状態を示し、脳波は前頭部、頭頂部を中心にアルファー波が全体へと同期する傾向を見せている（Fig.5）。さらに呼吸は、身息から調息へと意識的に呼吸しているために、その数はとても少なく一分間に三回前後であった。また、心拍数は一分間に八〇回台から七〇回台へと減少する傾向を示し、その後さらに減少している。

このような生理状態では、自律神経系の交感神経系の機能が抑制され、副交感神経系が優位となる傾向を示している。副交感神経系が優位になるということは、変性意識状態が誘導され生理心理学的にリラックスが進んでいるということである。

2の行法開始後二五分前後

この段階は、④「その結果として生ずる心身の変化」として、さきの「1の行法開始直後」の段階が深まり、さらに意識が身体的な要素へと集中されたことで、生理的弛緩が広がり、変性意識状態（瞑想状態）が誘導された状態である。そして、それによって個人的な無意識に取りこまれている情動が発散しはじめ、生理的には、脳波ではアルファー波やＦＭシータ波の出現もみられるが、全体としてはベータ波優位になりはじめている状態である（Fig.6）。

このような情動の発散が起きると、その情動の心理的、生理的な刺激によって呼吸数も一分間に六回へ、心拍数も一分間に七〇～八一回へと、ともに増加して、前段階より交感神経系の機能が昂進し、副交感神経系より優位になっている。ここでは、前段階で誘導されていた変性意識状態が情動発散によって乱されているのである。

3の行法開始後四五分前後

この段階は、「2の行法開始後二五分前後」の段階の情動発散が刺激となって変性意識状態が乱されはじめたため、③「意識の精神的要素への集中（観の作法）」を実習することで、その無意識からの応答として意識野に立ち上がる精神的要素（雑念などの刺激）を受動的受容（passive acceptance）しながら、その情動をさり気なく受け入れることで安定した自律的ASCを誘導し、そのために情動発散がつづいているにもかかわらず、脳波的には優勢なFMシータ波が認められ、九ヘルツ、九〇マイクロボルトの高振幅のアルファー波が脳全体に誘導されて同期している状態である（Fig.7）。また、心拍数も一分間に四八回へと低下した。呼吸数は一分間に一三回と増加したが、この増加は意識を身体的要素から精神的要素へと移行したため、意識的な呼吸から無意識的な一回の換気量の少ない自然呼吸へと変化したからである（Fig.3）。

そして、この生理的な状態は、情動発散により交感神経系の機能昂進はつづいているが、③「意識の精神的要素への集中（観の作法）」によって副交感神経系の機能も昂進し、ともに拮抗しながら全体的には副交感神経系の機能が優位になっているのである（G・マンドラー、田中正敏、津田彰『情動とストレス』誠心書房、一九八七年、P・シルダー、秋本辰雄、秋山俊夫『身体の心理学―身体のイメージとその現象―』星和書房、一九八七年、鹿島晴雄『神経心理学の基礎―脳のはたらき―』医学書院、一九七八年）。

これらを総合的にいえば、まず「1の行法開始直後」から「2の行法開始後二五分前後」への行法深化によって変性意識状態（瞑想状態）が誘導され、「2の行法開始後二五分前後」ではその変性意識状態によって解放された情動（情動発散）が刺激となって、その変性意識状態が乱されはじめた。つづいてその情動発散で乱された変性意識状態を回復するために、③「意識の精神的要素への集中（観の作法）」の実習を始め、その行法開始三〇分前後では顕著な生理的変化が認められ、心拍数は開始当初の三分の二に減少し、呼吸は自然呼吸としての呼吸数は測定開始時より増大したが、自律的で規則正しく一回の換気量の少ない腹式呼吸が出現した。この段階で微少振動（Minor Tremor）は心弾図性振動成分が主に記録されて、体動や微細な筋肉の動きによる影響はほとんど認められなかった。

脳波は、前頭、頭頂部優位のアルファァー波が閉眼安静時より認められ、この段階では前頭、頭頂部優位のアルファァー波やシータ波が断続的に出現し、止観業の実習は深化するにしたがって徐波化、同期、高振幅化が進んだ。アルファー・インデックス（α-INDEX）は閉眼安静時のコントロールより、変性意識状態が誘導され情動発散が雑念として意識化された時点で減少し、また、この行法開始三〇分前後の段階へと進んだ時点では、顕著にアルファー・ベースが増加していることがわかる。

そして、このような生理学的な所見は、従来の「自律訓練法」の心理学的、生理学的な研究成果、すなわち「自律訓練法」の技法は筋緊張の弛緩、呼吸の調整などの末梢性のセルフコントロールによって、脳幹網様体・視床下部賦活系にいたる求心性の刺激が適度にコントロールされること、さらに視床下部では交感、副交感の両自律神経系のバランスを促し、新皮質への交感性の賦活を減少させること、さらにまた皮質下（脳幹）の副交感性（trophotropic エネルギー補充的）の反応を活発化させることで、自律的ＡＳＣ状態を誘導し大脳皮質と皮質下（視床、視床下部）との機能的な再調整を促すものであることなど、ほぼ同様の結果を得たといえる（W. Luthe/F. Gellhorn/ 池見酉次郎）。また、このような脳のリズム活動の増加は、前頭連合野の統合性が高まることによって、より高次の意識や高い精神機能（宗教的には悟境）が誘導されたことを意味し、実習者の報告からも自我意識の安定性と時間的連続性が維持されていることがわかる。

さらに、この止観の実習時の生理学的な特徴は「超越瞑想（ＴＭ）の生理学的効果」の報告とも一致している。

・酸素消費量と二酸化炭素排出量の大幅な減少による深い休息が見られること
・呼吸数、分時換気量、心拍数が低下するなど基礎代謝が低下すること
・皮膚電気抵抗値が急激に増加し、深いくつろぎの状態にあること
・動脈血の酸素分圧と二酸化炭素分圧、酸塩基平衡、血圧等の生理機能が安定すること
・動脈血の乳酸濃度が減少していること
・脳波の変化は前頭部と頭頂部でアルファー波とシータ波が増大し深い休息状態にあること

超越瞑想では、これらの生理学的な特徴を総称して「深い休息を伴なう目覚めの機敏さ」といい、これを第四の意識状態と呼んでいる(L・ワレス『瞑想の生理学』日経サイエンス)。

また、これらの生理学的な所見によれば、自律訓練法の技法によって誘導される変性意識状態も、修行法のオリジナルとしての『天台小止観』「坐禅の五項目」にみえる止観業の実習よって誘導される三昧状態も、TM瞑想法の技法によって誘導される第四の意識状態も、その要となるのは自律訓練法によって誘導された自律的ASCと呼ばれる心理的、生理的な状態であって、自律訓練法はそれを応用しヒトの心理的な不適応の改善を目的に構築されたものであるが、『天台小止観』の作法とその実際やTM瞑想法の技法は、修行法として悟性や霊性を開発す

＊注

生理学的に測定されたデータからの評価

1992-03-03 AM 11:15 ～ PM 12:20 被験者 K.K.
Fp1 Fp2 C3 C4 T3 T4 O1 O2 (8 lead)
Preth MT Respi (nasal thermista/abdominal)
1006mb 18-20℃　湿度 60%
TC 0.3 FILTER 30 PAPERSPEED 0.75 or 3 cm/min　3.5mm/50μV

・安静時　開眼
PR 81/min
RR abdominal 3/min
・安静時　閉眼
PR 81/min　α-INDEX 31.98
RR abdominal 5/min (nasal samall 12/min large 5/min)
・行法開始直後
PR 78/min
RR abominal 6/min (nasal small 8/min large 6/min)
・行法開始後 25min
PR 81/min　α-INDEX 17.35
RR abdominal 5/min (nasal small 11/min large 5/min)
・行法開始後 41min
PR 68/min
RR abdominal 13min (nasal smaall 11/min large　13/min)
・行法開始後 48min
PR 48min　α-INDEX 40.50
RR abdominal 13/min (nasal small 13/min large 13/min)

ることで、資質の向上、人格の完成を図っていると理解できる。

くり返すが、とくに『天台小止観』では③「意識の精神的要素への集中（観の作法）」の実習によって自律性解放で生じてくる感覚反応、運動反応、自律神経系の反応、心理的反応などの心身の変化を心の進化の過程（発善根相）と捉え、その無意識と対話する形でそこから涅槃の境地を導きだすなど、修行法によって進化する心の地図を描いていることが重要なポイントとなるのである。

○データの評価

このデータを評価すると、心拍数は行法開始直後から顕著な減少を示し、開始後およそ五〇分後には一分間に四八回と行法開始前の半分近い徐派となった。修行法が進むにしたがい脈拍の低下は緩やかになり、瞑想状態の深まりとともに進んでいった（Fig.1）。

呼吸数に関しては、鼻と腹式の二つの呼吸曲線を比較しながらみてゆくと、はじめのうちは呼吸を意識的に行う「身息」のため一分間に三回と遅い。行法開始後しばらくの間は比較的安定し、小さな波の少ない割合に安定した規則正しい波形を示す。その後、被験者が雑念を意識していた行法開始後の二五分前後になると曲線は乱れ、小さな波が多く認められる。呼吸数は行法開始時より少し減少している。開始四〇分以降では、呼吸数は一分間に一三回に増えて安定している。被験者も呼吸が自律的であったことを自覚しており、この呼吸が無意識的に行われていたことがわかる。また測定者の観察でも、この時の呼吸は浅く、腹式呼吸曲線が明瞭に記録されているところから、一回の換気量の少ない腹式呼吸であると考えられた（Fig.2）。

脈波は行法開始時と比べて四〇分前後ではピークからの立ち下がりが早く、脈波の震動の衰減がより速やかとなる傾向がある。また、脈波と脈波の間の振幅の少ない部分が、瞑想中では明瞭であることがわかる。これらは、筋肉の異常な緊張が少なく弛緩した状態にあることを示している。ところが、二五分前後では持続的に震動が記録され、体動や微細な筋肉運動が生じていたと思われる（Fig.3）。

また容積脈波計をみると、心拍数は行法開始時よりも二五分前後が多く、瞑想状態では安静時の三分の二程度まで減少している。

脳波に関して、この被験者K・Kは安静時から特徴的な脳波パターンを示した。普通は閉眼安静時には、周波数として一〇ヘルツ前後、振幅五〇マイクロボルト前後のアルファー波（α-Wave）が後頭葉優勢に出現し、このα波に振幅一〇～二〇マイクロボルトの速波が混在しているのが一般的である（『脳波判読テキスト』医学書院）。

しかし、この被験者ではアルファー波はむしろ前頭部、頭頂部優位で、後頭部よりも明らかに振幅が大きく、また開眼で前頭部を中心としてアルファー波の抑制（ブロッキング）が認められるが、この時でも頭頂部、後頭部を中心にアルファー波が認められた。行法開始直後の非瞑想時のアルファー波は、全体的に速波に乗った複合波の形で出現し、その振幅は比較的に小さく最大で五〇マイクロボルト、周波数は主に九〜一〇ヘルツであった（Fig.4）。

行法開始直後は全体的に安静時と著しい変化はないものの、約一秒間持続したFm θ波が認められた（七ヘルツ、四〇マイクロボルト、二分に一回程度の出現率）。

行法開始後二〇分では、全体に前頭部（Fp1 Fp2）、頭頂部（C3 C4）を中心に一〇ヘルツ前後のα波が間欠的に出現し、その持続時間が延長した。さらに、この時点で八ヘルツ、六〇〜七〇マイクロボルトのアルファー波が前頭部や頭頂部において優勢に二回認められた（Fig.5）。

雑念の出現した二五分前後ではむしろベータ波（β-Wave）が優勢となり、アルファー波の出現率は減少した。しかし前頭部、頭頂部に優勢な一〇ヘルツのアルファー波のほかに、八ヘルツのアルファー波や、六〜七ヘルツ、一二〇マイクロボルトの顕著なFMシータ波（Fm θ-Wave およそ一分に一回程度の出現率）を記録した（Fig.6）。

行法開始後四〇分前後ではかなり顕著なFMシータ波（五ヘルツ、一一〇マイクロボルト、約二分間の持続時間）が二回認められ、そのうちの一回は測定器切り替え時の音刺激につづく比較的持続の長いものであった。また、そのなかには睡眠のステージでは中程度睡眠期（stage 3）に相応する紡錘波も認められた。全体的には一〇ヘルツ前後四〇〜五〇マイクロボルトのアルファー波と速波が優勢であった(『図解脳波テキスト』光文社、一九八九年)。行法開始後五〇分前後では、九ヘルツ、九〇マイクロボルトの高振幅のアルファー波が全誘導に広がって同期したものがベータ波のなかで断続的に記録された(Fig.7)。

また、脳波と脈波による皮膚の微小震動を比較すると、脳波が八～一〇ヘルツのアルファー波や、六～七ヘルツ、一二〇マイクロボルトのFMシータ波へと低周波化しているとき、皮膚の微小振動も九～一〇ヘルツの波に一～二ヘルツの波が重畳していることが認められた。つまり、物理的には横波の電磁波である脳波と、縦波の音波である皮膚振動が同調する傾向を示している。これは「脳波と気」の研究を進められている電気通信大学教授の報告(佐々木茂美「気の実験的研究」〈『八九年先端科学・技術開発年鑑』所収〉六五四頁)と一致し、中国における気功師の発功時の生理的特徴と、東洋的修行法による生理的特徴との類似性をみせている。

以上の全記録では、異常な脳波の波形は観測されなかった。また、明瞭なベータ・スピンドル(β-Spindle)の出現はなかったが、前頭部、頭頂部優位のアルファー波やシータ波が断続的に認められ、修行法の深化、瞑想の深まりにしたがい徐波化、同期、高振幅化の進むことが観測された。

◇ Fig.1, Fig.2, Fig.3

○ control eye close

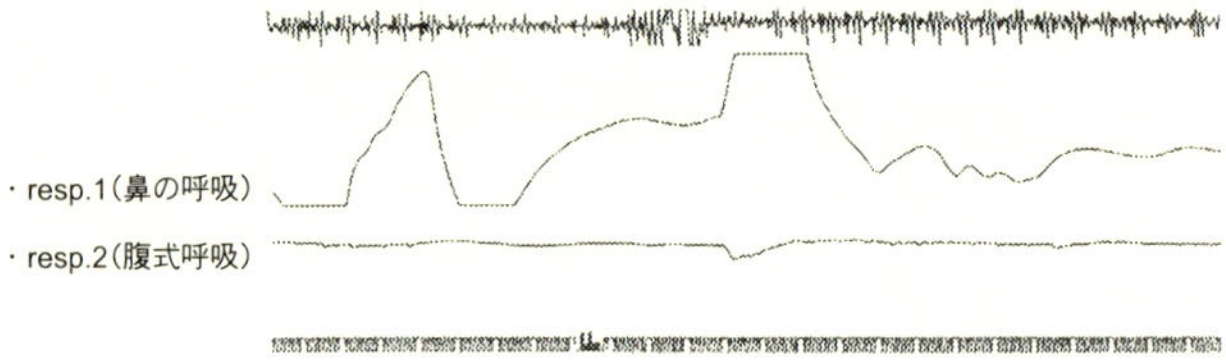

○ Fig.1（行法開始直後）

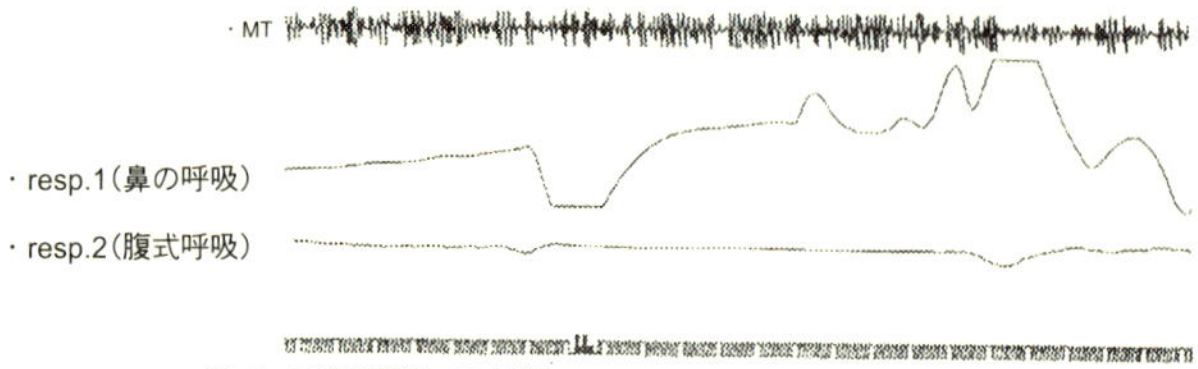

○ Fig.2（行法開始 25 分後）

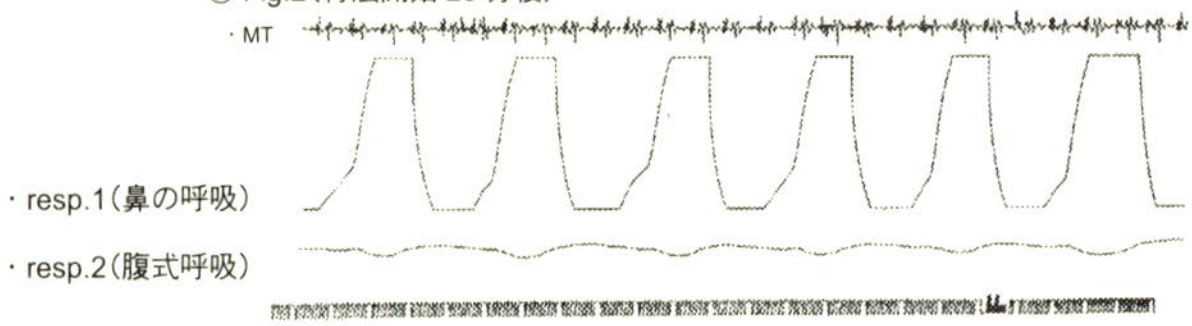

○ Fig.3（行法開始 45 分後）

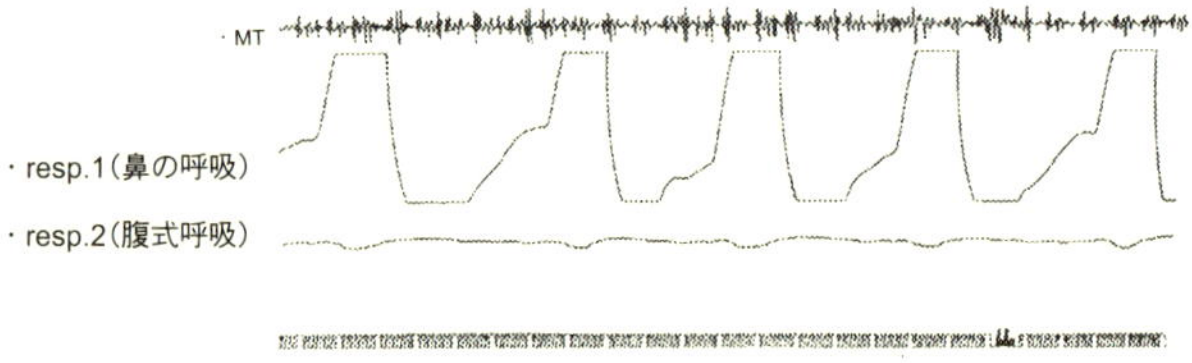

◇ Fig.4

control eye close EEG 10mm=70mv

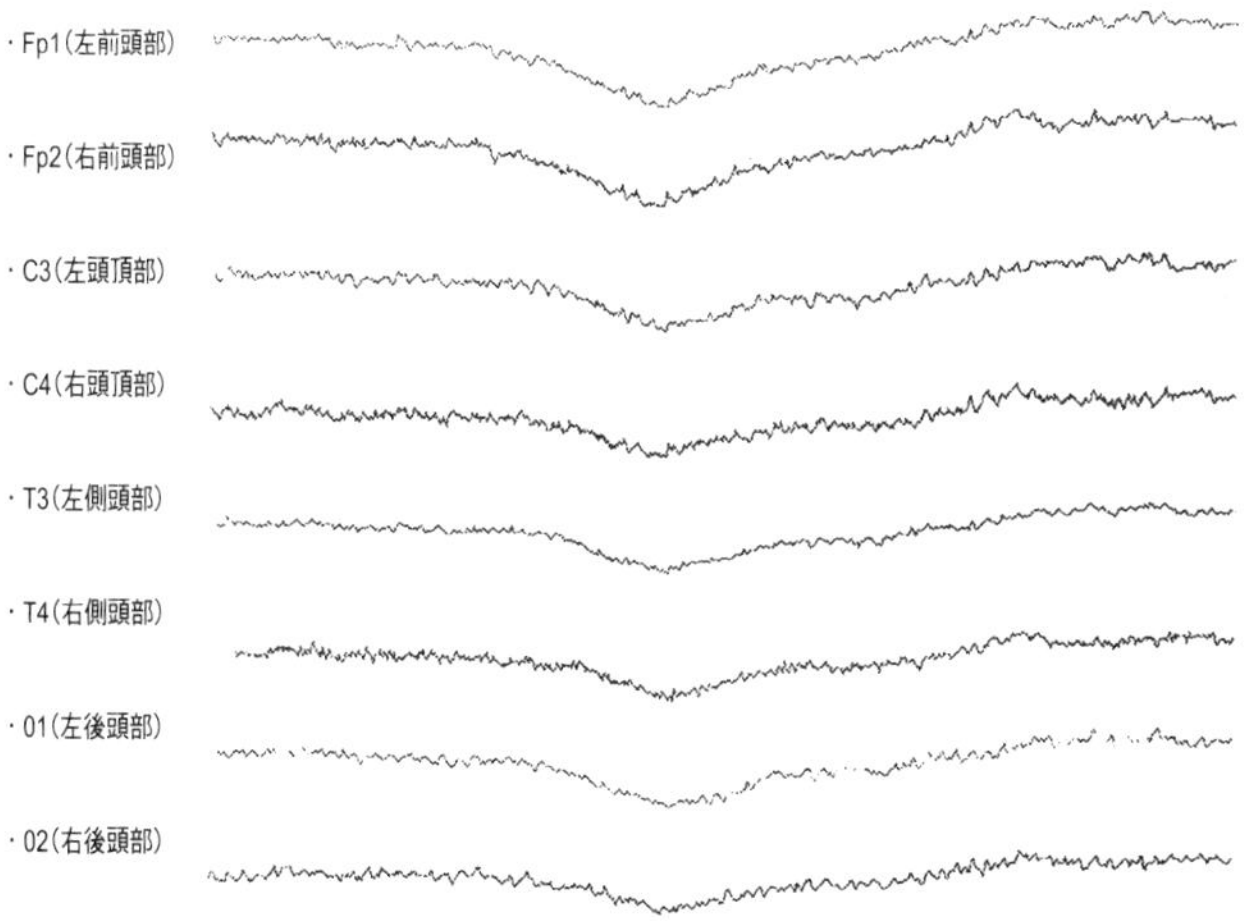

◇ Fig.5

control eye close EEG 10mm=70mv

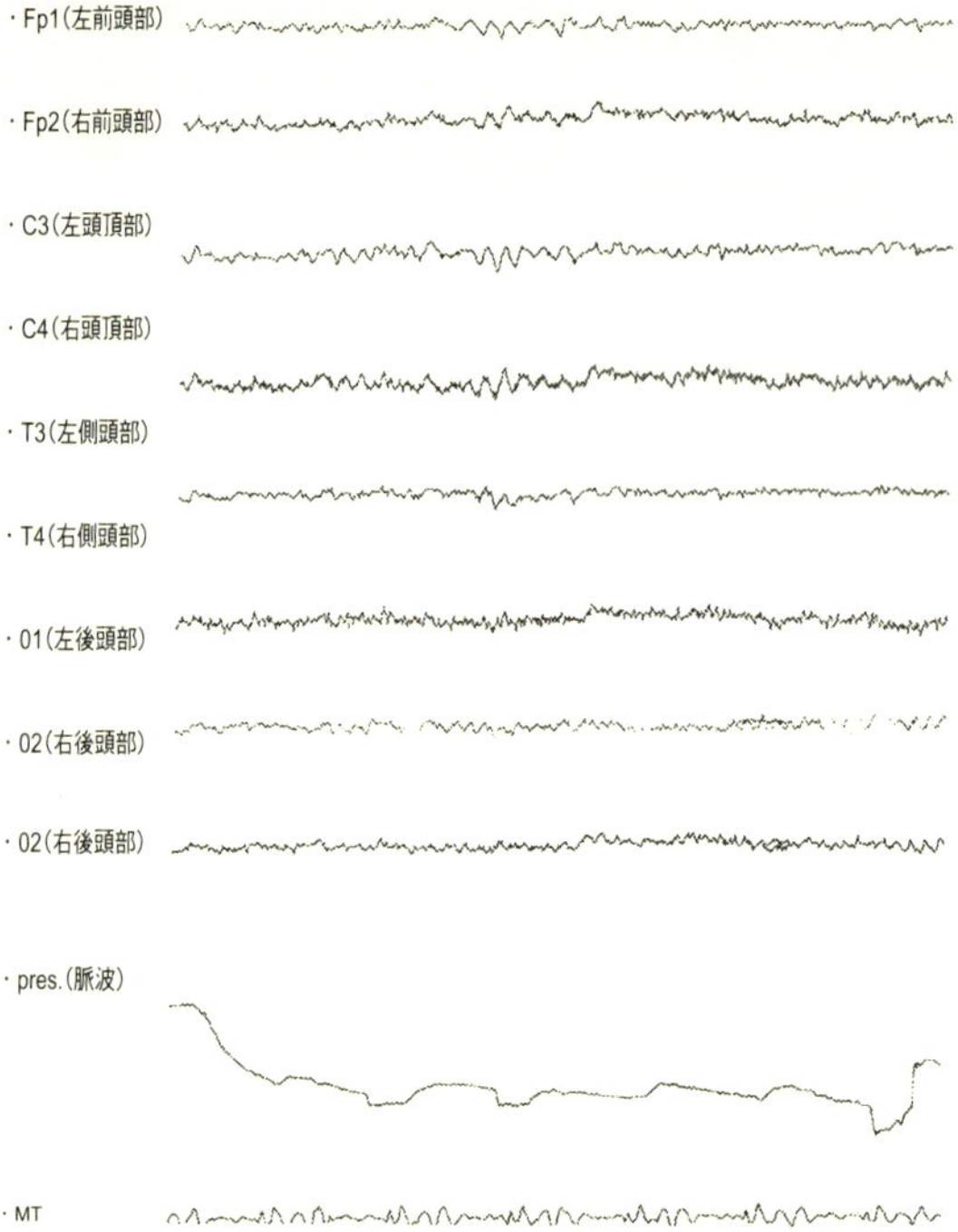

◇ Fig.6

control eye close EEG 10mm=70mv

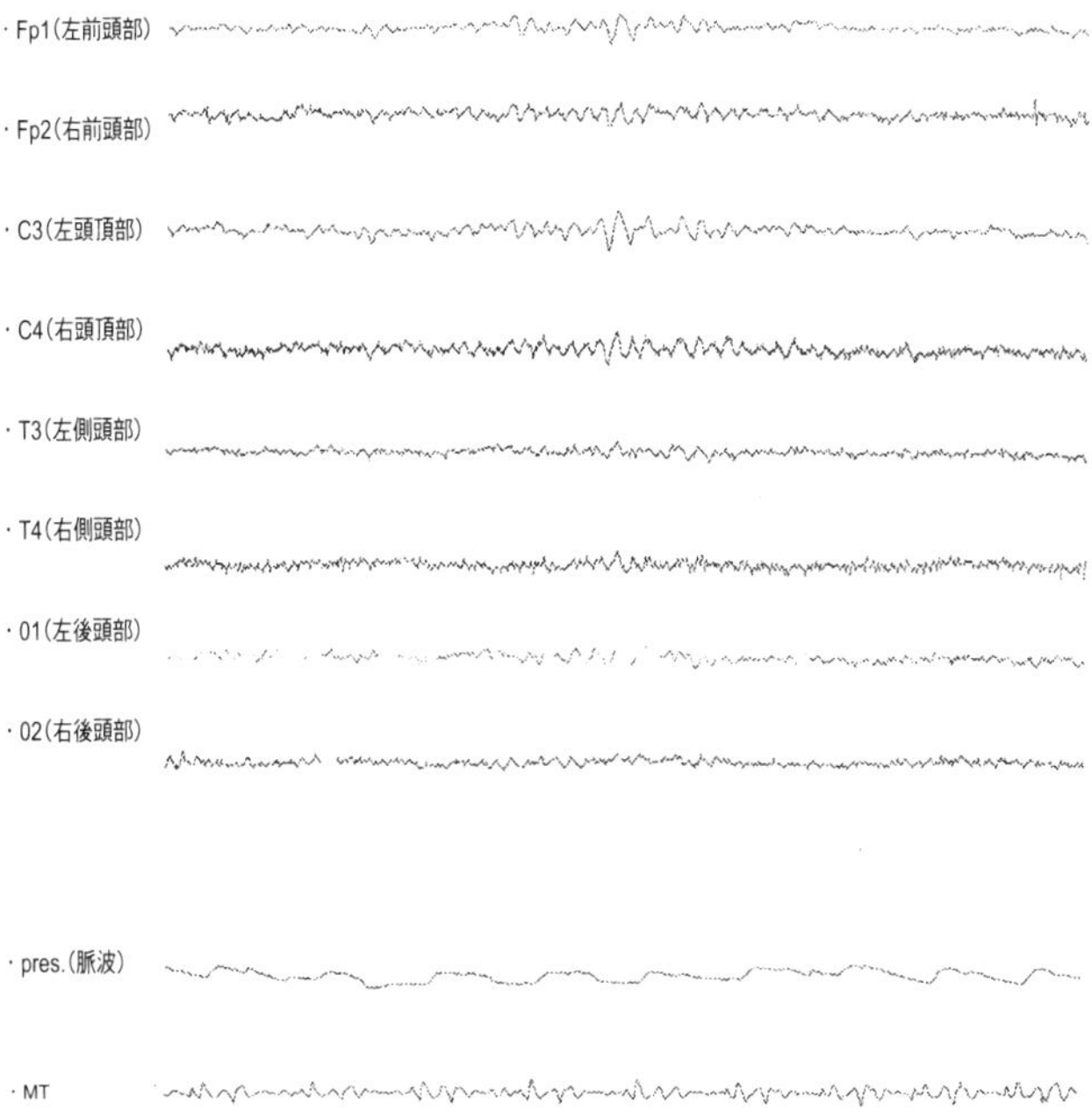

◇ Fig.7

control eye close EEG 10mm=70mv

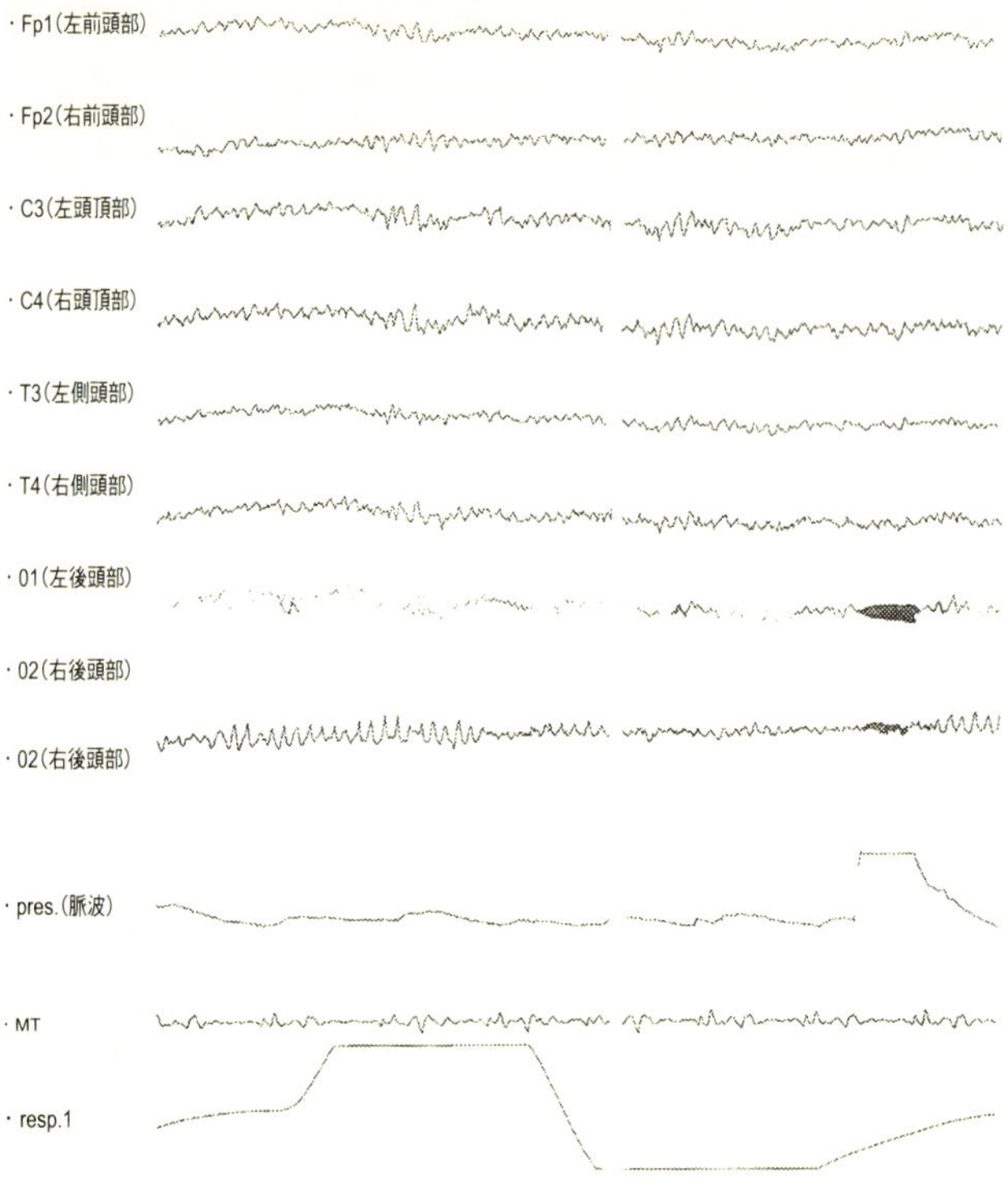

第四章　天台止観にみられる身体観

1　身体観という視点の必要性

ここでは、神経生理・生化学にもとづく身体観の限界について論じよう。いままで現代の諸学から、とくに心理療法の「自律訓練法」と『天台小止観』の構造的な比較研究によって仏教用語に身体性を付加しながら解説することで、観念的に解説されてきた修行法の作法とその実際が、行動科学の視点から身体性と対応する形で理解することができたはずである。現代人がごく当然のように思索している理性の文化を基軸にして、そこに感性の文化を引きこみながら理解できたはずである。

しかし、この止観業の生理心理学的な理解によって得られた結果は、ほぼ従来から行われてきた東洋的修行法の心理学的、生理・化学的な研究成果とほぼ一致するものであり、また、これらの研究のうち比較的まとまった初期の成果である「超越瞑想（TM）の生理学的効果」の報告とも一致するものであった。どのようなことかといえば、現代医学の神経生理・生化学的な身体観に立った研究から明らかになるものは、およそ自律訓練法などを含めた東洋的修行法によって誘導される自律的ＡＳＣは、生理的には身体の活動機能の賦活化（ergotropic エネルギー消費的）の状態を抑制し、疲労回復、保護機制、負担除去、達成能力の回復、正常化および治癒に属するメカニズムを活性化（trophotropic エネルギー補充的）させるなどの認識に止まるもので、要は生理心理学的な意味で心身が安定することで自己調整能力（homeostasis）を回復させているという事実であった。

ここに、修行法を現代諸学の理性的な知のあり方から解説するには、限界が見えるのである。プロローグでも指摘したように、伝承ごとである仏教文化は、それまで感性的な知のあり方によって伝えられてきた。しかし、明治時代に西欧流の理性的な知のあり方が移植されると、仏教文化は文献のなかの文言として、知識的に理解し解釈する文化へとその姿を変えて現代へと伝えられたため、それらは観念化されて身体性を失ってしまった。だからこそ、現代諸学の行動科学的な視点から、修行法の構造的な比較研究や生理心理学的な実験を行い、仏教用語によって語られてきた修行法の作法とその実際に身体性を対応させながら理解してきた。しかし、ここで理性の文化から具体的に解説できない問題が出てきたのである。それは、さきの『天台小止観』の生理学的な考察のなかで、第八章「魔事を覚知せよ」と第九章「病患を治す」

などを特殊事項として扱ったように、そこでは行動科学的な解説ができない局面にぶつかったからである。それは、現代の私たちが常識的に理解している現代医学の神経生理・生化学にもとづく身体観と、『天台小止観』などの文献が撰述された時代の医学概念にもとづく身体観との相違によるものである。

たとえば、文化史的な視点から中国医学を眺めると、現代医学とはその身体観が大きく違うのである。漢代滅後の隋から唐の時代には『黄帝内経』など、およそ「陰陽五行説」に支えられた「気の医学」が成立流布していたことがわかる。天台大師が『摩訶止観』『天台小止観』を撰述した時代が唐代であるから、当然、これらの文献はその「気の生理学」に支えられた身体観をもっていたのである。要は、その時代の身体観を十分に理解しないかぎり、偉大なる先師たちが行ってきた修行法の作法やその実際を適正に解説することはできないということである。

この気の生理学とは養生医学の文化であり、感性の文化であるために、現代医学の実証的な知のあり方とは大きく異なり、経験的に与えられた感覚をどう自分のなかに収めてゆくか、どのようにその全体を映してゆくか、その身体的な感覚を陰陽五行説によって、気感（気分）と呼ばれる「その感覚」を自身の感性から解説してきた。そのため、現代医学の神経生理・生化学的な身体観によって、修行法の作法とその実際を解説する仏教用語に身体性を付加しようとすると、その医学概念が大きく異なるために解説ができなかったのである。

その事実を具体的に指摘すれば、次のようである。

○『天台小止観』には調身として、その坐法を示す場合、「半跏坐であっても、全結跏であっても、左脚が右脚の上になる」(『天台小止観』七三頁)というが、その指示はなぜか。

○また、坐禅を組むための「法界定印」などの印相としては「左の掌をもって右手の上に置く」(同、七三頁)というが、その指示はなぜか。

○また、「自按摩の法のごとくにして、手足を差異せしむることなかれ」(同、七三頁)というが、この自按摩とは何か、その実際とは何か。

○坐禅を組むとは「口は軽く結び、舌を挙げて上齶に向ける」(同、七五頁)というが、その指示はなぜか。

○意識が沈んでいるとき(沈の相)に「意識を鼻端に集中し」、意識が散漫になっているとき(浮の相)に「意識を臍のなかに集中する」(同、七七頁)というが、なぜ心が静まり安定するのか。

○また、関口真大博士も指摘している『天台小止観』に示される丹田は「臍下一寸を憂陀那と名づく」(同、一六五頁)であり、『摩訶止観』は「臍の下を去ること二寸半なり」(『摩訶止観』下、一九三頁)というが、なぜ二つの丹田が示されているのか。

これらについて『天台小止観』『摩訶止観』には、具体的な説明がなされていない。しかし、天台大師はその時代の生命概念にもとづく身体観によって、それらを統一的に理解していたはずである。ここで、天台大師の修行法の作法とその実際を適切に理解するためには、天台大師の身体観の背景にあるその時代の医学概念を明らかにする必要がある。

2　中国的な身体観とインド仏教的な身体観

まず天台大師の身体観を論ずるために、天台大師が活躍した六世紀ごろの中国において、どのような身体観が流布していたのかを概観しよう。

○『黄帝内経』などの古代中国医学の変遷

さきの『摩訶止観』を詳細に読みすすむと、第七章「修正止観」の第三節には「観病患境」という病気の分類や治療法を詳細に記述した箇所がある。そして、そこには「皇帝の秘法にいうが如く」（『摩訶止観』下、一九四頁、大正四六、一〇八b）というまことに興味深い一節と、それにつづいて当時の医学が病気の診断に用いた陰陽五行説にもとづく記述のあることに気づく。

この「皇帝の秘法」とは何かといえば、それはその前後の記述から春秋戦国時代の末期（西暦前三二〇年～西暦後二五〇年）にはじまり秦代から漢代にかけて集大成された、原初のシャーマンなどの呪術的医療とは一線を画した『黄帝内経』（『素問』『霊枢』）であると容易に理解できる。この『黄帝内経』は中国の伝統医学の基礎をなすばかりではなく、現代の鍼灸医学や中医学における基礎文献でもある（丸山敏秋『黄帝内経と中国古代医学書』東京美術、七頁）。

また、このような中国の古代医学の実際の体系は、『黄帝内経』の成立前後の中国文化の発展期に儒家、道家などの学派の勃興と関わりながら、『黄帝八十一難経』『神農本草経』『五十二病方』『傷寒雑病論』『脈経』などの医学書が編纂され、また漢代滅後の約三七〇年間（六朝時代）の戦乱を終えた隋（五八九～六一七）、唐（六一八～九〇七）の時代にかけて、国家事業として多くの医学書が編纂された。

とくに『諸病源候論』『千金要方』『千金翼方』などが編纂され、病患に対する総論、症候、漢方、鍼灸などが整い、そこに道教などの神仙系の医学も加わり、按摩法、調気導引法や房中術なども盛んに用いられた（長濱善夫『東洋医学概説』創元社、三六～四三頁）。

そして、この時代の医学書は、呪術から医師へと展開する過程で、思想史的には疾病観が呪術的病因観を払拭し、陰陽五行説に支えられた「気」という概念によって疾病を捉えており、当時の医家たちの間には「気の生理学」と呼べる医学概念が浸透していた（前掲『黄帝内経と中国古代医学』一一頁）。

このような中国医学の病因論、陰陽五行説の気の生理学にもとづく身体観とはどのようなものだろうか。中国医学では血液を含めた体液というものを重要視しており、人間の身体を流れる体液の質と、その流れ方の状態が調和しているか否かによって、心と身体の健康状態に関係すると考えていた。また、このような体液の循環は気エネルギーの循環として理解し、とくに体内を縦に流れる気エネルギーのルートを「経脈」、横に流れるルートを「絡脈」といい、この二つを合わせて「経絡」と呼んで、この経絡中を流れる気エネルギーのバランス関係が大自然の摂理である陰陽五行説に則って、私たちの生命維持の循環としてダイナミックに理解していたのである。

ここで、このような身体観の基礎概念である陰陽五行説を概観しておこう。まず「陰陽」とは、「陰の性質」は凝集を象徴し、「陽の性質」は拡散を象徴する。そして、「五行」とは木・火・土・金・水であり、自然哲学としての説明は、「木から火が生ずる」、「木が燃えて(火)土が生ずる」、「土の中から金が生ずる」、「金の周りには水が生ずる」、「水によって木が生ずる」という五つの相生関係が示され、またこれとは逆に「土は木によって耕され」、「火は水によって消され」、「金は火によって溶かされ」、「水は土によって塞き止められ」、「木は金によって削られる」という相克関係が示されている。そして、このような「陰陽」と「五行」を駆使して、私たちの生命現象を次のように具体的に説明することができる。

まず、経絡系の名称は五臓六腑に関係して説明されるが、近代医学でいう臓器そのものを意味しているのではなく、その臓器に関係する働きを総称している。その種類として、次の六つをあげることができる。
①肝臓や胆嚢の働きに関係するものを木性、その陰性を肝経、その陽性を胆経
②心臓などの循環器系に関係するものを火性（兄）、その陰性を心経、その陽性を小腸経
③全体のバランスに関係するものを火性（弟）、その陰性を心包経、その陽性を三焦経
④脾臓や胃腑の働きに関係するものを土性、その陰性を脾経、その陽性を胃経
⑤肺臓など呼吸器系の働きに関係するものを金性、その陰性を肺経、その陽性を大腸経
⑥腎臓や膀胱など泌尿生殖器系に関係するものを水性、その陰性を腎経、その陽性を膀胱経
そして、この六つの「陰陽」を合わせて正経として十二経絡があるという。また、この正経の十二経絡、十二本のルートには、その中を気エネルギーがどのような方向でどのように流れるかによって「三陰三陽関係」、つまり、陰と陽の大小関係として説明されている。さきの十二経絡を「三陰三陽関係」で分類すると、手足でそれぞれ四つの陰陽関係になっている。
①「手の三陰」として「太陰の肺経・少陰の心経・厥陰の心包経」
②「手の三陽」として「陽明の大腸経・太陽の小腸経・少陽の三焦経」

③「足の三陰」として「太陰の脾経・少陰の腎経・厥陰の肝経」
④「足の三陽」として「陽明の胃経・太陽の膀胱経・少陽の胆経」
また、このような気エネルギーの総体的な流れは、「中脘」と呼ばれる消化器系より起こると考えられており、消化器系の中脘の働きによって食物が消化吸収され熱エネルギー転換するので、古典医学の解釈も道理に適っているといえる。その流れは次のようである。

「中脘」→手の「太陰の肺経」→手の「陽明の大腸経」
→足の「陽明の胃経」→足の「太陰の脾経」
→手の「少陰の心経」→手の「太陽の小腸経」
→足の「太陽の膀胱経」→足の「少陰の腎経」
→手の「厥陰の心包経」→手の「少陽の三焦経」
→足の「少陽の胆経」→足の「厥陰の肝経」

この最後の足の「厥陰の肝経」から、また手の「太陰の肺経」へと戻り、正経の十二経絡を循環することになる。そして、この気エネルギーの陰陽関係の流れは、身体の左右対称に存在するために、正経は左右で二十四経絡の陰陽関係となる。
そして、このような中国医学の陰陽五行説にもとづく気の生理学の身体観によって、私たちの生命現象は、経絡中を流れる気エネルギーのバランス関係が大自然の摂理としての陰陽五行説に則り、気エネルギーの生命維持の循環として説明されているのである。

（**参考文献**○本山博『気の流れの測定・診断と治療』宗教心理出版、一九八五年、○長濱善夫『東洋医学概説』創元社、一九八六年、○根本光人『陰陽五行説』薬業時報社、一九九二年）

○中国に伝播していたインド仏教医学の病因論

ところで、このような中国医学の伝統的な身体観のほかに、天台大師の活躍した六世紀ごろには、インド仏教から継承したと考えられる身体観、地・水・火・風の四大（catur-mahā-bhūta）による病因論がすでに伝播していたが、そのインド仏教の病因論とはどのようなものだったのだろうか。

それを解く手がかりは、七世紀ごろのインドのナーランダー（Nālandā）大僧院の生活ぶりをつぶさに伝える唐代の訳経僧義浄の『南海寄帰内法伝』（第二十七「先体病源」、第二十八「進薬方法」、大正五四、二二三B～二二四B）にあった。この文献は天台大師より一世紀ほど後世のものであるが、インドの仏教医学の何たるかがよく理解できるので引用しよう。義浄は当時のナーランダー僧院では、次のような八つの診療科目をもつ医方明（cikitsā-vidyā）が広く普及していたという。

①所有《あらゆ》る諸瘡を論ず（腫瘍、膿瘍などの治療法の一般外科学 śala-tantra）
②首疾の針刺すを論ず（眼科や耳鼻科の治療法などの特殊外科学 śālākya-tantra）
③身の患を論ず（内科全般の治療法としての身体療法 kāya-cikitsā）
④鬼瘴を論ず（精神病治療としての鬼神学 bhūta-vidyā）
⑤悪掲陀を論ず（解毒剤の投薬療法としての毒物学 āgada-tantra）
⑥童子の病を論ず（小児病治療としての小児科学 kumāra-bhrtyā）
⑦長年の方を論ず（長生薬論としての不老長生学 rasāyana-tantra）
⑧身力を足すを論ず（精力増強法としての強精学 vājikaraṇa-tantra）

それにつづいて病気の原因と治療の基礎概念の四大に触れて、「四大の不調には、一に窶嚕《くろ》（gulma 地大）、二には燮跛《しょうは》（kapha 水大）、三には畢哆《ひった》（pitta 火大）、四には婆哆《はた》（vāta 風大）があり、一は地大が増大して身体が肥る地大病、二には水大が積もって下痢をしたり浮腫《むく》んだりする水大病、三には火大が盛んになり発熱や頭痛、また心臓循環器系の火大病、四には風大が動いて呼吸器系の病気や、身体の各部が痛むなどの風大病があり、これらは中国では沈重、痰《たん》癊《いん》、熱黄、気発と呼ばれる病気である」と、医学概念の基礎について説明し、さらにその臨床にふれて、「一般的に臨床の現場では、四大に地大を加えない、水大・火大・風大の病因論の応用が行われ、病気の種類も気発・熱黄・沈重の三種であり、地大の沈重（身体の意味）は水大の痰癃と同様に考え、別に地大を数えずに、三大の病因論が広く普及していた」という（大正五四、二二三b～二二四b）。

ところで、近年この『南海寄帰内法伝』の「斯の八術は先に八部と為す。近日人有りて略して一夾と為す」と記述された医学テキストが、ヴァーグバタ（Vāgbhaṭa）の『八科精髄集』（skt: Aśtāṅga-hṛdaya-saṃhitā; tib: yan-lag brgyad-pahi sñi-po bsdus-pa shes-bya-ba）であり、ほぼ七世紀に成立し、先行するインドの二大古典医学書である『チャラカ・サンヒター』（Charaka-saṃhitā 五世紀ごろ成立）と『スシュルタ・サンヒター』（Suśruta-saṃhitā 三～四世紀ごろ成立）に含まれる医学的知識を集大成したものである。この二書に『八科精髄集』を加えて、インドの三大医学書と呼ばれている（ケネス・G・ジクス／梶田昭訳『古代インドの苦行と癒し―仏教とアーユル・ヴェーダの間―』時空出版、一九九三年、七〇・九五頁、『チャラカ・サンヒター』第一巻「医学概論」／矢野道夫訳『インド医学概論』〈朝日出版社、一九八八年、世界の名著〉解説、以下『インド医学概論』と略記）。

当時のナーランダーの仏教医学をふり返れば、正しくは四大要素の理論（catur-doṣa theory）の医学概念によって病気の原因と治療を考え、四大に支えられた身体観をもっていた。しかし、実際の臨床を扱う医療現場では、現在のインド医学のアーユル・ヴェーダ医学と同様に、風大（vāta 以下「ヴァータ」）・火大（pitta 以下「ピッタ」）・水大（kapha 以下「カパ」）の三大要素の理論

(tri-dosatheory 以下「トリ・ドーシャ理論」)にもとづく医学概念が機能していたのである。

ここで、このようなアーユル・ヴェーダ医学の具体的な考え方を概説すれば、私たちは母の胎内で生を受けた直後から、先天的に体質や気質が決まっているという。その体質や気質を決定する要素がヴァータ・ピッタ・カパのトリ・ドーシャ理論によるバランス関係で示され、ヴァータの要素が多ければヴァータ体質となり、ピッタ体質、カパ体質と、またはヴァータ・ピッタ・カパの複合型の体質というように、トリ・ドーシャ理論にもとづいて理解する。

そして、私たちが自分の体質に適した生活をしてトリ・ドーシャのバランスが良いときには健康的で、逆にいずれかのドーシャを増やすような不適当な食事や、節制を怠ったりすると、ドーシャのうちいずれかが増加し、トリ・ドーシャのバランスが崩れ、健康を害するという。

たとえば、カパの要素には甘いという性質があるために、カパ体質の人が甘い物を食べ過ぎるとカパ病(水大病)に罹りやすく、この体質の人は現代医学でいう糖尿病などの生活習慣病に注意が必要であるという。またピッタの要素には辛いという性質があり、ピッタ体質の人が辛い物を食べ過ぎるとピッタ病(火大病)に罹りやすく、心臓などの循環系の病気に注意が必要であるという。このように体質に適した食事と、季節や時間に基づいた生活がアーユル・ヴェーダ医学の治療法であり、その治療を支えているのがトリ・ドーシャ理論にもとづく医学概念なのである。

（参考文献○幡井勉編『生命の科学 アーユルヴェーダ』柏樹社、一九九〇年、○P・クトムビア『古代インド医学』出版科学総合研究所、一九八八年）

3 律蔵経典群にみえるインド仏教医学の病因論「四大」

このようなインド仏教医学は、どのような経緯で中国へと伝播してきたのだろうか。さきに挙げた『摩訶止観』『天台小止観』などの天台典籍が撰述されたのは六世紀であるが、それ以前に訳出された経典群を医学史的な観点から眺めると、次のような経典群が散見できる。それらの経典の名称と訳者、またその主旨を年代順に並べてみよう。これもたいへん煩瑣であるが、おつきあい願いたい。

○後漢、安息三蔵安世高訳（二世紀中頃）

NO・1『陰持入経』巻上（大正一五、一七四c）

眼耳鼻舌身心を名づけて六身識という。この六身識を色・受・想・行・識の五陰から説明すれば、まず四陰（受・想・行・識）によって身体の感覚を知るので、これを名陰という。そして、この身体を色陰といい、この六身識の全体を名色という。そして、この身体的な拠り所としての色は、地水火風の四大をもととしている。

NO・2『道地経』五種成敗章第五（大正一五、二三二a）

仏道の修行とは、五陰（色受想行識）の成り立ちとその変化を知ることである。たとえば、人の生命が死に臨んで呼吸が止まろうとするときに、（地水火風の四大におのおの百一の病があるので）四百四の病気が前後次第に起き、病状が刻々変化することを知る。

○後漢、天竺三蔵支曜訳（二世紀後半）

NO・3『小道地経』（大正一五、二三六C～二三七a）

身体に四つの病気がある。あるときは地大が多くなり、あるときは水大が多くなり、あるときは火大が多くなり、また、あるときは風大が多くなって病気になる。この病気を解消するには、身体を安定させ止の方法（止業）を用いることである。しかし、心に、一には痴が多いとき、二には瞋恚が多いとき、三には婬欲が多いとき、四には疑念が多いときなどは、それぞれ止の方法によって病気を解消できないときがある。

また、呼吸にも、あるときは多く呼吸しようとするため、ある時は多く呼吸しようと念うため、ある時は多く呼吸することを歓喜するため、ある時は多く呼吸しようと喘ぐため、それぞれ止の方法が実践できずに不健康になることがある。修行する人は、このような因縁を離れてまずは定意を得ることである。

もしも身体に腫・疥・瘡・肥が盛んなとき、坐身を求めても不健康になることがある。また、あるときは食べ過ぎにより火大が起き、あるときは水のとり過ぎにより水大が起き、身体が重く目が渋り、あるときは多食してもまだ足りず、節制できずに風大が起き、それぞれ病気になっている。これらはいずれも少食にすべきである。

○後漢、月支三蔵支婁迦讖訳（三世紀前半）

NO・4『般舟三昧経』（大正一三、九〇五b）

どんなことを身体（色）の壊敗というのであろうか。それは痛いとか痒いという意識、つまり、生死の魂神を識る身体を支えている地水火風が壊敗することである。

○呉、天竺沙門竺律炎訳（三世紀前半）

NO・5『仏医経』（大正一七、七三七a〜七三八b）

人の身体には四つの病気のもとがある。地大、水大、火大、風大がそれである。風大は気が起きることによって増大し、火大は熱によって増大し、水大は寒によって増大し、そして、地大（土）は力によって盛んになる。この四大によって四つの病気があり、四百四の病気が生起する。また、それぞれの特徴を示すと地大（土）は身体に属し、水大は口に属し、火大は目に属し、風大は耳に属す。

もし生命において火大が少なく、水大（寒）が多ければ、それは死（目冥）を意味することになる。たとえば春の一、二、三月は寒が多く、夏の四、五、六月は風が多く、秋の七、八、九月は熱が多い。そして、冬の十、十一、十二月は風と寒と両方が含まれることになる。

なぜなら、春に寒が多いのは、万物がみな生まれようと寒を出すからである。夏に風が多くなるのは、万物が栄華し陰陽が和合しダイナミックに活動するためである。秋に熱が多くなるのは、萬物が成熟するためである。冬に風寒がともにあるのは、万物が死滅し熱が去るためである。

また、三月、四月、五月、六月、七月は、風が多いので身体を放って臥してもよいが、八月、九月、十月、十一月、十二月、正月、二月は寒が多いために、身体が萎縮するので臥してはならない。また、春三ヵ月の寒の間は、麦豆などを食べずに、宜しく粳米や醍醐の諸熱物をたべること。夏三ヵ月の風の間は、芋豆麦などを食べずに、宜しく粳米や乳酪を食べること。秋の三ヵ月の熱の間は、粳米や醍醐などを食べずに、宜しく細米、漿蜜稲などを食べること。冬の三ヵ月の風寒の陽と陰が相具交合する間は、宜しく粳胡豆羹、醍醐などを食べること。臥においても食においても、その時期に宜しく随うべきである。

○西晋、天竺三蔵竺法護訳（三世紀後半）

NO・6『本道地経』五陰成敗品第五（大正一五、一八三c）

内容はNO・2『道地経』五種成敗章第五の同品異訳のため、ほぼ同じである。

○東晋、天竺三蔵仏陀跋陀羅訳（覚賢、四世紀後半）

NO・7『修行道地経』修行方便道升進分第五（大正一五、三〇五c）

真剣に修行を実践するならば、その身体のすべてに養生を促す四大の種が充満する。それは、まさに呼吸法によって養われると知るべきである。修行者は数息観の力によって心を静めて善行をおこなえば、身体によい果報が授けられるのである。

NO・8『修行道地経』修行方便勝道決定分第八（大正一五、三一一c）

四大に支えられている身体のあり方について、智者というものはその四大という毒蛇から離れて、四大の毒に害されないようにコントロールしている。

NO・9『修行道地経』修行方便勝道決定分第八（大正一五、三一三a）

あたかも毒蛇が入っている篋（身体）のように、私たちは四大という篋の中に納まっている。その身体のなかには八万匹の虫がおり、常に競い合って身体を侵食している。そのため、この身体は災いの入れ物のように、四百四の病気に悩まされている。

○後秦、北天竺三蔵弗若多羅・羅什共訳（五世紀前半）

NO・10『十誦律』巻第二（大正二三、一〇b）

病者とは、四大が増減しているので、もろもろの苦悩を受けているのである。

○後秦、北天竺三蔵仏陀耶舎・竺仏念共訳（五世紀前半）

NO・11『四分律』巻第五十一（大正二二、九六四c）

この身体は四大が合成して形づくられたものである。そして、この四大によって身体が異なるのは、四大の合成の仕方が異なるからである。この四大による身体から、心が起きて働き、身体の諸根肢節の働きが備わるのである。

○東晋、天竺三蔵仏陀跋陀羅・法賢共訳（五世紀前半）

NO・12『摩訶僧祇律』巻第五（大正二二、二六三c）

この身体（身合）は、地水火風の四大によってできあがっている。

NO・13『摩訶僧祇律』巻第十（大正二二、三一六c）

病気には四百四病がある。風病に百一あり、火病に百一、水病に百一、雑病に百一がある。そして、風病の治療には油・脂を用い、熱病には酥を用い、水病には蜜を用い、雑病にはそれら三種薬を用いる。

○東晋、罽賓三蔵仏陀什訳（覚寿、五世紀前半）

NO・14『五分律』巻第十五（大正二二、一〇一c）

病人とは、四大が増損して飲食を摂取することができず、やがて気息が衰弱してしまう人のことをいう。

○北涼、三蔵法師曇無讖訳（五世紀前半）

NO・15『金光明経』除病品第十五（大正一六、三五一c）

四大に支えられた諸根は、やがて衰損し代謝して病気になると知るべきである。そのために、食事の時期を調節して、食べる時間帯やその季節によって、食後に消化の火（身火）が衰えないようにしなければならない。

このように風大、火大（熱）などを調節し、また水大の過ぎた肺病や、地大（等分）も調節して、病気を治すことも必要である。また、いつごろ風大が動き、火大が動き、水大が動いて、人びとの健康を害するか。医方はそれを解説して、一年を三ヵ月ごとの春夏秋冬の四つの時期に分ける。そして、この時期にしたがって食事を調節すれば健康を保てるという。

風大が多くなった者は、夏に風大病が発病する。その夏の熱で火大が増えた者は、秋に火大病が発病する。等分病（地大病）は冬に発病する。その冬に寒さで水大が増えた者は、春に水大病（肺病）を発病して悪化する。

風大病の者は、夏に肥《ひ》・膩《じ》・鹹《かん》・酢《さく》などを摂り、また熱食がよい。火大病（熱病）の傾向のある者は、秋に冷甜《れいてん》をとり、地大（等分）は冬に甜・酢・肥・膩を摂り、水大病（肺病）の傾向の者は、肥・膩・辛・熱を摂るべきである。

時節をわきまえずに、偏って飽食すると、四大の病が三時にわたって発病する。風大病の羸損は酥膩を補い、火大病の熱を下げるには、訶梨勒をとり、地大病（等分病）には、甜と辛と酥膩の三種の妙薬をとり、水大病の肺病はその時にしたがって吐薬を服すべきである。

これら十五の律蔵経典群のなかで、初期経典群の翻訳者として有名な後漢の安息三蔵安世高の事歴をみると、医学に詳しく、とくに望診を得意とし、色を見て病気を診断し、薬を処方して必ず治癒させたとある（『開元釈教録』大正五五、四八一a）。これによって、仏教が伝播した背景には、インドの高度な医療技術の蓄積が大きな役割を担っていたことがわかる。

また、この十五の律蔵経典群の四大理論にまつわる記述を読むと、およそ七世紀ごろのインドのナーランダー大僧院の医療の実際を伝えた義浄の報告と重なり、これらの律蔵経典群にはインド仏教医学が強く反映しているばかりでなく、四大理論の基礎概念によって病気の原因と治療を考えるなど、四大理論に支えられた身体観をもっていることがわかる。

そして、天台大師が活躍した六世紀には、すでに四大理論に支えられた身体観をもった律蔵経典群が存在しており、天台大師は中国医学ばかりではなく、インド仏教医学もしっかりと学んでいたと考えられるのである。

4　天台大師の身体観

これまで六世紀までに流布していた中国的な陰陽五行説に支えられた身体観と、インド仏教の四大理論に支えられた身体観について論じたが、ここでは天台大師の修行論の病気に関する記述を比較しながら、天台大師の身体観について解説してみよう。

○『摩訶止観』第七章第三節「病患境」の主旨から身体観をみる

まず天台大師の身体観とはどのようなものなのか。その最も晩年の撰述である大部の『摩訶止観』から、病気（病患）という身体性に直接関わる記述を抜き出し、それを『天台小止観』『六妙法門』『禅門修証』『禅門口訣』などの修行論にみられる病気（病患）と比較対照して、おおよそ天台大師三十歳代から晩年まで、おおよそ三十年におよぶ身体観を対照表によって探ってみた。（注）

すると、天台大師の最も晩年の撰述である『摩訶止観』の「観病患境」の身体観には、『天台小止観』第九章「治病」ばかりではなく、三十歳代に撰述された『禅門修証』第六章「明治病方法」の内容のほとんどが含まれており、これによって天台大師が青年時代からある一貫した身体観をもっていて、それが晩年の『摩訶止観』にいたって集大成されたことを物語っている。

この意味では、『摩訶止観』の「観病患境」の構成に従いながら、それを詳細に読みすすめれば、天台大師の身体観が明らかになるはずである。これもかなり煩瑣になるが、『摩訶止観』「観病患境」の構成に従いながら、その主旨を挙げよう。

Ⅰ「病患の様相」について

（大正四六、一〇六ａ～一〇七ａ、『摩訶止観』下、一八三～一八五頁）

①四大の病相

医術の基本は、四大を知ることが肝要である。一般に上医は声を聴き、中医は色を相し、下医は脈を診るといわれる。ここでは簡略に医述の方法をあげるが、脈法は医学にかかわることなので、ここでは具体的なことはいえない。
まず、五臓の病相をあげよう。
・肝の病相の脈は洪直
・心の病相の脈は軽浮
・肺の病相の脈は尖鋭衝刺
・腎の病相の脈は連珠
・脾の病相の脈は沈重遅緩
これらの病相の詳細は、医療家（体治家）の諸説にしたがうべきである。

次に、四大の病相をあげよう。
・地大の病相とは、身体が苦重となり、節々などが堅く結して疼痛があり、また枯れたように手足がしびれて瘠《やせ》るなどの症状となる。
・水大の病相とは、力なく浮腫《むく》み、脹するなどの症状となる。
・火大の病相とは、全身が激しい熱になり、身体の節々がつらく刺すように痛んで、呼吸が苦しいなどの症状となる。
・風大の病相とは、心がどこかに引っかかったように、気抜けしてぼんやりして、心の奥で苦しみもだえて、自分の正体がなくなってしまうような症状となる。

②五臓の病相

ここでは陰陽五行説にもとづき、五臓の病相と療法が並記されている。

・肝の病相とは、

顔に光沢がなく手足に汗をかかずに乾いたようになる。また肝（木性）の上に白いもの（金性）がある（金性が木性を克す）ときには、澄んだ目が赤くなって痛むようになる。また脈は緩慢となり目が白くかすむようになる。あるいは、澄んだ目が破れてまぶたに腫れ物ができる。また風に当たり冷えて涙が出たり、痒みをおぼえたり、刺すような痛みを感じたりする。また目のまわりがくぼんだり、少々のことですぐに怒ったりするなどの症状がみられる。

これは肺経（金性・陰性）が肝経（木性・陰性）を害（相克関係）しているために、この病相が生じている。このような肝の病の治療には、呵気を用いる。

・心の病相とは、

顔色が青白く（水性が火性を克す）なる。また心（火性）の淡熱（陰性に偏り）で手足が冷えて、気分が晴れずに力なく、唇は燥いて裂け、臍の下あたりにはしこりができる。また熱い食べ物はのどを通らず、冷たい食べ物には食欲がわかない。そればかりか、めまいや極度の眠気や物忘れ、胸はいっぱいで目もくらみ、言葉はどもってしまい、肩胛骨は凝って痛み、手足の肢体はうずき痛み、気分はあれやこれやと思いなやみ、身体の表面は湯気が上がるほど熱くなる。その症状は、まるで熱が上がったり下がったりするおこり（瘧、わらやみ、マラリア）のようである。あるいは身体が堅くなり、また水をこばみ、眼は絹布から外をのぞくように近くは見えるが遠目は利かないなどの症状がみられる。

これは腎経（水性・陰性）は心経（火性・陰性）を害（相克関係）しているために、この病相が生じている。このような心の病の治療には、吹気・呼気を用いる。

・肺の病相とは、

顔色がどす黒くなる。肺が脹れて胸が塞がり、両方の脇の下や肩胛骨が痛んだり、うずいたり、まるで重い荷物を背負っているようである。また頭やうなじが痛み、呼吸は喘ぐようになって息は出るが吸い込むことが困難になる。身体のあらゆるところに出来物ができ、喉はまるで虫がはっているように痒くなり、それを吐き出すこともできない。また喉に腫物ができ、口は強く結ばれ息を吐くときに風の吹くような音をたてる。また鼻から膿の混じった血が出て、眼は暗く、鼻柱はうずき、鼻の中の肉が盛りあがり息が通らずに、ものの香りがわからなくなるなどの症状がみられる。

これは心経（火性・陰性）が肺経（金性・陰性）が害（相克関係）しているために、この病相が生じている。または冷たい水を飲んだり、熱い食べ物を食べたり、極端な飲食が原因で生ずる。このような肺の病の治療には、嘘気を用いる。

・腎の病相とは、

身体に気力なくひ弱である。不整脈があり、身体の節々はうずき痛み、そして浮腫《むく》んでいる。また耳は聾者のように聞こえず、鼻は塞がり、腰は痛くなり、背中はかたく凝ってしまい、胸と腹ははれ満ちて上気している。手足の四肢は重くなり、顔色は黒ずみ、痩せて、胸は痛んで悶絶し、尿は出たり出なかったりして、脚膝は冷えてしまうなどの症状がみられる。

この病は、スッポンのように頭なく顔のない鬼がやって来て、人を包みこんでしまうために生じている。またこの病は、脾経（土性・陰性）が腎経（水性・陰性）を害（相克関係）しているために生ずる。このような腎臓病の治療には、嘿気を用いる。

・脾臓の病相とは、

身体の辛いさまは、ねばっとした麦糖のようである。身体は風にあたっても痒みを覚えるように、全身が痒くなって悶え苦しむなどの症状がみられる。

この病は、肝経（木性・陰性）が脾経（土性・陰性）を害（相克関係）しているために生じている。またその形はといえば籠桶のようで、また小児があちらこちらを経巡るように、また旋風が渦を巻いて舞い上がるようである。このような脾の病の治療には、呵気を用いる。

③六神の病相

・とても悒い気分になっているときには、肝経（木性）のなかに魂がない。
・よくことの前後を亡失してしまうときには、心経（火性）のなかに神がない。
・よく恐れを抱いたり、狂ったようになるときには、肺経（金性）のなかに魄がない。
・よく悲しんだり、笑ったり気分の変化があるときには、腎経（水性）のなかに志がない。
・よくあれやこれやと思いを巡らせるのは、脾経（土性）のなかに意がない。
・よく恨みの思いを抱くときには、陰のなかに精がない。

Ⅱ「病相の原因」について

（大正四六、一〇七a～一〇八a、『摩訶止観』下、一八六～一九一頁）

病気の原因には、次の六つがある。

①四大の不順の病

この四大の働きはいつも休むことなく働いており、生命活動の重要な力であり、それは寒熱に、また甘い辛いという味にも関係している。具体的にあげよう。
・火大の病とは、外の熱が火（大）を助け、火（大）が強くなり過ぎて水（大）を破る。
・水大の病とは、外の寒が水（大）を助け、水（大）が増して火（大）を害す。
・風大の病とは、外の風が気を助け、気が火（大）を吹き、火（大）は水（大）を動かす。
・地大の病とは、三大（火大・水大・風大）が増えて、地（大）を害する等分の病であり、また身分（地大）が増えて三大を害することも等分の病という。
このように四大が動くことによって、いろいろな悩みが競い起こってくるのである。

②飲食の不節制による病

飲食が不節制であればよく病気になりやすく、飲食の節制法には二つある。
・飲食と四大について
まず薑桂《きょうけい》などの辛い物は火（大）を増し、甘蔗を煮た糖蜜（蔗蜜）の甘冷などは水（大）を増す。また梨などは風（大）を増し、脂肪（膏膩）などは地（大）を増すものである。

その効用を具体的にあげれば、胡瓜など身体を冷やす食べ物は、熱のある病人には有用だが、体調のすぐれない人が食べるものではない。飲食はよくよく注意して、その性質を判断すべきである。

また食べ物は、食べ終わるとお腹に入り消化する。あらい物(麁)は糞尿となり、細なる物は消化されて融けてしまう。そして、腰の三つの孔より一つに溜まって手足に入る。清い物は血液となり、乾いた塵が水を得たように、全身をうるおす。もし身体に血液が充分に巡らなければ、枯れてしまい死にいたる。また濁ったものは脂肪となり、古くなった要素は老廃物として垢となり、新しい要素は吸収されて肉となる。

そしてまた、身体の火(大)が下にあれば、食べた物を消化吸収して、身体全体に栄養素がゆきわたる。世の諺にも「長生きをしたければ、まさに足を温かにして、首を露わにすべきである」という。

もし身体の火(大)が上にあって、身体に合わない物を飲食すれば病気になってしまうので、注意しなければならない。

・五味と五臓について

五味と五臓の関連とは、五味などの性質を知らずに食事をすると、五臓の健康状態の善し悪し(増損)に影響する。その五味とは、まず酸味は肝を増するが、脾を損ずる。苦味は心を増するが、肺を損ずる。辛味は肺を増するが、肝を損ずる。鹹味は腎を増するが、心を損ずる。甜味は脾を増するが、腎を損ずる。

もし五臓の健康状態に異常があれば、異常の原因（損）となる五味を禁じて、健康を増進する（増）五味を食べることが必要である。まずその五味の特性を知ることである。

③坐禅の不調

坐禅に不節制な生活をすると病気になることがある。

・居住する建物や、衣服に執着したり、多くの人がまだ残っているにもかかわらず横になっていたりすることは、その人の心が慢怠であるために、魔性の便りの影響を受けて、身体はやせて、背中や節々の疼痛に苦しむ。これは注病といって、冷えることが原因で病気を患い、これが最も治りにくい。

・もし数息の観が調わなければ、多くの人はおこりなどの病気の癖がつき、身体の筋肉などが痙攣するようになる。

・坐禅中に心身が運動して、「動、痒、冷、煖、棄、重、渋、滑」の八触の身体の動きを経験したとしても、呼吸の方法が八触の状態に適応していなければ病気になる。また、この八触とは何かといえば、心と四大と合わせるならば、四大に見合った四つの感覚（触）があり、そしてまた、その四つの感覚に捉えられる四つの感覚があるために、合せて八つの感覚（八触）となる。

そのなかで、重は沈下する感覚、軽は上昇する感覚、冷は氷室のように冷たく寒い感覚、熱は火のように燃える感覚、渋は挽いているものを抑えられるような感覚、滑は磨きをかけ脂を塗ったような感覚、軟は骨がないような感覚、麁はザラッとした肌のような感覚である。四つは上《のぼ》る感覚であり、四つは下《くだ》る感覚である。

具体的にいえば、吸気は地大に順じて重く沈む感覚、呼気は風大に順じて軽く登る感覚、吸気は水大に順じて冷やかな感覚、呼気は火大のように熱する感覚、吸気は地大のように渋く足がもつれるような感覚、呼気は風大のように融通無碍で円滑な感覚、呼気は水大のように柔軟な感覚、呼気は火大のように麁い感覚である。

もしも八触のなかで重触（沈下する感覚）が起きたとき、数息観として呼気を数えていると、かえって重触を増やしてしまう。また地大の吸気を数えていると、その人は病気になる。ほかの要素についても同じことがいえる。

・「止観」の止の方法を実習するにも、その方法が巧みに行われなければ四大の病気を患うことになる。具体的にいえば、心を常に足先や踵など、身体の下に止めすぎれば地（大）の病気になる。逆に心を常に頭頂や眉間など、身体の上に止めすぎれば風(大)の病気になる。

また、常に心の動きを急いで止めていると、火(大)の火大の病気になる。逆に心を常に緩慢に止めていると、水(大)の病気となる。

・「止観」の観の方法を実習するにも、その方法がうまく調わなければ心が偏りひねくれて病気になる。これは母胎に胎児が宿った瞬間に、心が生じて母を感ずるように、その母である色・声・香・味・触の五塵などを思うと、そこにほんの一毫ほどの気が動いて水となり、水は血となり、血は肉となり、肉は眼・耳・鼻・舌・意の五根と、心・肝・脾・肺・腎の五臓なる。このことから、心がひねくれると病気になることがわかる。

具体的にいえば、坐禅する人が、思惑の観（身のまわりの現象に気を取られること）が多いと、五臓を損して病気となる。

【陰陽五行説の相生関係】

もし色に因ることが多ければ肝を動かし、声は腎を動かし、香は肺を動かし、味は心を動かし、触は脾を動かす。また眼が青に因ることが多ければ肝を動かし、赤は心を動かし、白は肺を動かし、黒は腎を動かし、黄は脾を動かす。

耳に大声で呼ぶ声の聞こえること（呼喚）が多ければ肝を動かし、語ることは心を動かし、大声で泣く声（哭）は肺を動かし、詩歌を口ずさむ声（吟）は腎を動かし、曲節をつけて歌う声は脾を動かす。

鼻にイヌなどの動物の脂臭さ（臊）の匂うことが多ければ肝を動かし、焦げる匂いは心を動かし、生肉の生臭さ（腥）は肺を動かし、腐るような臭いは腎を動かし、香りのよい煮物は脾を動かす。

舌に醋（酢）の味が多ければ肝を動かし、苦味は心を動かし、辛味は肺を動かし、塩味は腎を動かし、あまい味は（甜）は脾を動かす。

身体の堅さが多ければ肝を動かし、あたたか（煖）ければ心を動かし、軽やかならば肺を動かし、冷たければ腎を動かし、重たければ脾を動かす。

以上は相生関係であり、適当な分量ならば健康を維持するが、その分量が過ぎれば病気となる。


【陰陽五行説の相克関係】

眼が白色になることが多ければ肝を剋し、黒は心を剋し、赤は肺を剋し、黄は腎を剋し、青は脾を剋す。他の声なども、そのように理解すべきである。

【五臓の病気は隠密でなかなか知りがたいので、坐禅および夢で占う】

もし坐禅または夢で、青色・青色の人・野獣・獅子・虎・狼を見て恐れをいだいたとき、これは肝の病気である。また赤い色があり、赤い人獣、赤い刀杖、赤い幼い男女が親しく抱き合っていたり、あるいは父母兄弟などを見て喜びや畏れを生ずるのは、これは心の病気である。それ以外の色についても、例にしたがって理解すべきである。

・次に観が僻っていれば四大を動かし、病気になることをあげよう。

【もし坐禅に入るために意識を集中するとき】

もし坐禅に入るために意識を集中するとき、その集中がまちまちで定まらなければ、あちらこちらと心が動き諍うことが多いように、風大が乱れて風大の病気となる。それは、小さな子どもがあちらこちら動き回ることは止めようがなく、それを無理矢理に止めようとすれば病気になるようなものである。

【あまりにも専専に一境を守ろうとする気持ちが過ぎてしまうとき】

あまりにも専専に一境を守ろうとする気持ち（意識の集中）が過ぎてしまえば、一境を守ろうする気持ちが強すぎて火大が増大し火大（熱）の病気となる。

【意識を集中して、境を観ずる心が生じたとき】

意識を集中して、境を観ずる心が生じたときに、その心を滅しようとする心が生ずると、その心の動きが相違して痒痛を起こし地（大）の病気になる。

【意識を集中して、所観の境を観察しないままに観行を行うとき】

意識を集中して、所観の境を観察しないままに観行を行うと、水大が増して水（大）の病気になる。

④鬼神病

・鬼病とは、四大五臓に鬼が入る病気である。また鬼病でも、いい加減な祈禱師が鬼の退治をして、治ってしまうこともある。また四大の病気ではなく鬼病であっても、医師が薬湯の治療をして治ってしまうこともある。

・一人の国王があり、鬼病が空処において針で治療された。しかし、鬼王がみずから来て病者の心に住在すれば治すことができない。このような鬼病は本当にある。また鬼であっても、みだりに人を病気にすることはない。つまり、人がいろいろなことを邪念するから病気になるのである。

・あるいはある人が吉凶を知りたいと望むならば、兜醯《とけ》羅《ら》鬼が種々に変じ、青黄等の色から五根に入り、意地邪解（精神的に異常）ではあっても、一身、一家、一村、一国の吉凶がよくわかるようになる。しかし、それは聖知ではない。これを治療しないと久々のうちに死にいたる。

⑤魔病

・魔病とは、鬼と同じようだが、鬼はただ身体を殺すだけである。しかし、魔は正しく心を観る力を破り、悟りの根本である法身の慧命を破る。邪念の想いを起こして、人の功徳を奪うことが鬼と違うところである。

・行者が坐禅のなかで利養を邪念すると、魔が種々の衣服、飲食、七珍、雑物を現わす。そして、それを喜び勇んで受け取ると、魔が入り病気になる。この病気は治療しがたい。

⑥業病

これは先世の業、また今世の破戒が先世の業を動かし、業の力が病気を起こす。五根の病気によってその犯した業をあげよう。

・殺人の業は、肝を破り眼の病気となる。飲酒の罪は、心を破り口の病気となる。邪婬の罪は腎を破り、耳の病気となる。妄語の罪は、脾を破り舌の病気となる。窃盗の罪は、肺を破り鼻の病気となる。

・五戒を破る業によって、五臓五根の病気が起きることがある。しかし、その病気も業を謝罪するならば治る。たとえば、今生で戒を持《たも》っていても、業が動いて病気になることがある。これは重罪があっても頭痛を起こして取りのぞけるように、本来ならば地獄に堕ちるような重罪を人界で軽く償《つぐな》ったのである。つまり、その病気は業が謝罪しようとするときに起こるものである。業病は千差万別なので細心に検討して、その病因を知って治療すべきである。

Ⅲ「治病の方法」について

（大正四六、一〇八ａ～一〇九ｃ、『摩訶止観』下、一〇九～一九九頁）

病気の治療法は、一様ではない。修行によって、食事の不節制によって病気になったときには、方薬を用いて調養すれば治る。また坐禅の不調和によって病気になったときには、また坐禅によって数息の観を調えなければ治らない。そのときに湯薬は適切ではない。鬼病と魔病の二つは、深い観心行の力と大神呪を用いなければ治らない。業病は、内には観心行の力と外には懺悔を用いれば治る。

以上のように種々の治療法があるが、坐禅に約すと次のような六つの方法がある。

①止の方法

・温師は、あたかも小さな豆が臍の中に入っているように心を集中すべきだという。まず姿勢を調えて坐り、目を閉じ、口歯を合わせ、舌をあげて上顎につけ、気持ちを調恂する。心が外に馳せれば、それを落ち着かせる。また意識を集中しても観念できなければ、再度、坐り方を調えてから、同じように実習すべきである。

この止の方法はよく病気を治し、またよくもろもろの禅定を発す。また、この止の方法によって誘導された観によって、次のような多くの相貌が起こる。

【針で刺されたように痛む】

【急に縄で牽かれるように痛む】
【虫にくわれたように痒む】
【水を灌がれたように冷たい】
【火で炙られたように熱い】
【神意寂然としていれば電光定の相である】

ところで、心を臍におく理由とは、古来、息は臍から出て還って臍から入るといわれており、心を臍におくと意識が集中しやすく、無常を悟りやすいからである。また、人は胎内に生が託されると、識神ははじめて血と結合し、その生命現象は血液によって維持され、その血液のルートは臍にあるので、臍に意識が集中しやすいのである。

臍は胃腸の源であるから、源を尋ねて臍に意識を集中して、不浄を見るならば貪欲を止めることができる。また四念処の観心は、臍を観ずることによって身念処の門である身体に対する意識ができる。六妙門では、臍は止の作法の門なのでよく用いられるのである。

温師の方法を正しく行って病気が治るのは、丹田はこれは気海といい多くの病気を治す働きがあるので、心を丹田に止めていると気息が調和するから病気が治るのである。

・心を止める部位

【十二の病気はみな丹田に止まる、この丹田は臍下の二寸半にある】

上気が胸に満ちる
両脇が痛む
背中の肩胛骨が痛む
肩が痛くなる
心が熱懊し通煩する
食べられない
心瘇《しんは》れる（ふさぎこむ）
臍下冷え
上熱し
冷え
陰陽和せず
気を漱《そう》す

【痛みを克服するには】

痛みを克服するには心を移して三里におく。それでも痛みが取れなければ、心を移して両脚の親指の爪の生え際に向ける。

【六つの病気は、両脚の間に境界を安置し、そこに心をおくことで治す】

頭痛がして眼が赤く腫れてうずく
唇口熱し
鼻をめぐって胞子ができる
腹がにわかに痛む
両方の耳が聞こえにくくなる
首筋がはれる

【腹に水がたまり腫れて痛むとき】

ただ、心を一つの境に集中する。それでも心が悶えるならば、吸った息を少し吐き、落ちついたならば、くり返しそれをつづける。これは、静かな部屋で行うべきである。

【腰脚が急に痛むとき】

両脚の下に一丈の坑を観念して、その中に悶えるを想いを置き、心をそこに集中して、健やかさを観念すれば、それらは治る。これは、静かな部屋で行うべきである。

【常に心を足に止めれば、一切の病気は治る】

五識は頭にあるので、心は比較的上気しやすい状態にある。このため心は風を使い、風は火を動かし、火は水を融じ、水は身を潤して、上半身の気は調うが、下半身の気が乱れて多くの病気となる。また、脚足が痙攣したり麻痺したりする。

【五臓は蓮華が泥の中にあるように下に向かって行き、意識はしっかりと上に向かう】

気が強く臓腑を衝くならば、臓腑は傷み病気となる。心を下に向けると心火は五臓へと下がり、飲食をよく消化する。これによって五臓は順調になるので、心を下方にある足に止めることが大切な方法である。この方法によって、多くの人が癒されて効果を上げている。蒋添文、呉明徹、毛喜は、その実践者である。

【病気になっていても、病気などは本来ないと強く観念する】

病気になっていても、病気などは本来ないと強く観念して、心を無病に止めるならば、三日間のうちに治る。しかし、観念が調わなければ治らない。門を開ければ風が入り、閉めてしまえば静かになる。心も同じように、心の門が開いていれば、心が外境に動揺して騒がしくなり、病気のときに、心を病気にところに止め、心の門を閉めれば静かになる。そのために病気が治るのである。これは道理である。また、心は王様のようなもので病は盗賊のようなもの、心をここに置いているならば盗賊は散壊してしまうからである。

・止観の止の方法のように心を病気の場所に集中しなくとも、病気は治ると「黄帝の秘法」に示されている(『黄帝内経』)。

まず、天地の陰陽の二気が交合して、おのおのに五行がある。金・木・水・火・土の循環である。相生関係としては、金化して水生じ、水流れて木栄え、木動いて火明らかに、火炎あって土貞まる。逆に相尅関係としては、火は水を得て光を滅し、水は土に遇って行かず、土は木に値って腫瘡し、木は金に遭って折傷する。

また、金が木を尅するように、肺が実になると肝が虚になる。このとき心を肺に止めて白気を摂取するならば、肝の病気は治る。ほかの四臓も同じである。

また、止の作法によって四大の病気を治すには、動く心を急いで止するならば水大の病気を治し、緩慢に止するならば火大の病気を治し、頭の方に止するならば地大の病気を治し、足に止するならば風大の病気は治るのである。

②気の方法、気を用いて治す

・吹、呼、嘻、呵、嘘、呬の六気をもちいる。これはみな口の中へ呼吸を出入りさせ、牙舌を転側し、ゆったりとして心を運び、その想を帯びて気をなす。具体的にいえば、冷には吹をもちいて火を吹くようする。熱には呼をもちい、百節の疼痛には嘻をもちい、またそれは風も治す。浮腫《むく》んでいて上気するなら呵をもちい、痰癊には嘘をもちい、疲労には呬をもちいる。

・六気が五臓を治す。具体的にいえば、呵気は肝を治し、呼気と吹気は心を治し、嘘気は肺を治し、嘻気は腎を治し、呬は脾を治す。

・六気が一臓を治す。具体的にいえば、臓に冷えがあれば吹気をもちい、熱あれば呼気をもちい、痛みがあれば嘻気をもちい、むくんで煩わしい(煩満)ならば呵気をもちい、痰があれば嘘気をもちい、疲労があれば呬気をもちいる。ほかの四臓も同じである。

・六気を呼吸に寄せてもちいる。具体的にいえば、口に吹気をして冷を去り、鼻より徐々に温気を入れる。口に呼気をして熱気を去り、鼻より清涼の気を入れる。口に呬気をして痛を去り風を除き、鼻より安和の気を入れる。口に呵気をして煩わしさを去り気を下す。痰を散ずるには、胸の痰が上分は口にしたがって出で、下分は息にしたがって溜まると想う。そのために鼻から気を入れないようにする。嘘してむくみ(満脹)を去り、鼻より安銷の気を入れる。嘻して疲労を去り、鼻より和補の気を入れるのである。

呼吸の出入りには細心の注意をはらい、けっして分を過ごさないようにするべきである。よく斟酌して、それぞれ気の増損が適当になれば、自分の病気が治るばかりでなく、他者をも救済することができるのである。

③呼吸(息)の方法

・たきぎと火によって煙があるように、呼吸とは身体と心の相互作用によって生ずるのである。煙の清濁を見てたきぎの燥湿を知り、呼吸の強軟を観察して身体の健病を知る。もし身体の行風が横から起これば、痛痒して病気となるので、どのような場合でも注意すべきである。また、呼吸には四つの特徴がある。

〔声があるものを風という〕この状態がつづくと心が散漫になる。

〔結滞するものを気という〕　この状態がつづくと心が結ばれて動かなくなる。

〔出入が間に合わないものを喘という〕　この状態がつづくと疲労がたまる。

〔声なく、結滞なく、出入ともに尽きるを息という〕　この状態を維持すれば、心身ともに安定する。

まさに静かなところに結跏趺坐し、身体を正しく安定させ、手足の力をぬいて、脚を趺坐に組み、かたよらずに曲がらず、また帯を緩め、身体を動かし両側を伸ばして調適する。左手を右手の上に置き、親指はわずかに向かい合わせる。両頰の力をぬいて少し口を開き、四、五回長く息を吐き、つづいて漸く余分なことを考えずに無想してから、徐々に目を閉じ、目蓋を軽くつぶってから、ゆったりと息の所作を用いる。

・八触の相違によって生じた病気を治すために、四つの方法をあげよう。
〔重触による地大の病気には〕　もっぱら出息を用いる。

〔軽触による風大の病気には〕　もっぱら入息を用いる。

〔冷触による水大の病気には〕　もっぱら出息を用いる。

〔熱触による火大の病気には〕　もっぱら入息を用いる。

ほかの病気についても、正しく調和すれば病気は治る。ここで必要なことは、すべて数息観を実習すべきであり、別の息をしているのではない。

・十二の息を運ぶとは、上・下・焦・満・増長・滅壊・令・煖・衝・持・和・補の十二の息の実習であり、これによって観念と現実の心を結ぶのである。なぜなら、胎児が妊娠すると初念に報息が起きる。それは母親の気息によって胎児は漸く成長するが、そのうちに胎児の息の出入は母親のそれに従わなくなる。出産してから母子ともに離れていても呼吸があるのはこのためである。これを報息という。

また、依息とは心によって起きる。瞋欲のときに気息が隆盛となるのはこのためである。これを依息という。さきの吹・呼・嘻・呵・嘘・呬の六気は報息について想を結ぶのであるが、この十二息は依息について想を結ぶので、それとは異なっている。

またさきに、五色によって五臓の病気になることを示したが、それは臓によって病気になったのであり、それは依息によって治すべきである。ここで十二息をあげよう。

〔上息は沈重の地大の病気を治す〕

〔下息は虚懸の風大の病気を治す〕

〔焦息は脹満を治す〕

〔満息は枯瘠を治す〕

〔増長息は四大を増長す〕
〔滅壊息は諸の癃膜を散らす〕
〔冷息は熱の病気を治す〕
〔煖息は冷えを治す〕
〔衝息は癥結腫毒を治す〕
〔持息は動して安定しないことを治す〕
〔補息は虚乏を補う〕
〔和息は四大を通融する〕

このもろもろの息の方法を実習するときには、おのおのの心想にしたがい、詳しく病状を知って息の方法を厳選し、けっして誤った息の方法を用いてはならない。

④仮想の方法

さきには気息のなかで兼帯して想を用いたが、ここではただ仮想によって病気を治す。弁師が首のこぶを治した方法や、お腹のしこりに針という方法を用いたように、『阿含経』の煖蘇《なんそ》の方法によって労損を治したように、これは蛇を吞む方法のようなものである。

⑤観心の方法

想息を用いずに直ちに心を観ずる。どのように観ずるかといえば、心を内外に推察して求めても、それは不可得であるのだから、病気が人をせめたとしても、病人という主体はないと観心するのである。

⑥方術の方法

・方術によって病気を治すことについて

それを知っていれば早く治せるが、知らなければ遠回りをする。たとえば、シャックリを治す方法、歯を治す方法、足の親指を捻じて肝を治す方法のようにである。しかし、方術は、身体への功罪が多いので、出家者が用いるべきではなく、また学ぶべきではない。もし学んでしまったのなら、早く棄てて忘れてしまうべきである。

・四種の三昧を実習することについて

四種の三昧を実習することで、不安定な身体は病気になったり、またならなかったり、まことに不定である。もし病気になっても、それによって病気が治り、修行の道が開かれたのだから、修行によって病気を治すことを嫌うべきではない。しかし、自分の名聞利養のために、世間に方術による治病法を吹聴することは、魔の幻覚、魔の偽りあり、そのような思いは早々に捨てるべきである。

・三十六獣が人を煩わせるならば、次の呪を三遍誦すべし。「波提陀《はだいだ》　毘耶多《びやた》　那摩那《なまな》　吉利波《きりは》　阿違婆《あいば》　推摩陀《すいまだ》　難陀羅《なんだら》　憂陀摩《うだま》　吉利摩《きりま》　毘利吉《びりき》　遮陀摩《しゃだま》」と。

また、注意していたにもかかわらず、外の境によって心が驚擲《きょうてき》して気が上がり、腹が満ち、胸が煩い、頭痛、心悶するのは六神が遍身に遊戯するからである。驚擲によって心の安定を失うのは、外の悪い神が体のなかに入るからである。これを治すには口を閉じ、鼻を蹙めて、気がもれないようにして、気が体中に満つることを待って、その後に気を放って長く吐き出すようにする。

要するに、頭から足までの遍身から気が出るという想を抱きながら、さきの呪を三遍誦すべきである。そしてさらに「支波昼　烏蘇波昼　浮流波昼　牽気波昼」と三遍誦しおわって、そののちに息を調え、一から十まで数え「阿那波那《あなはな》　阿昼波昼《あちゅうはちゅう》」と誦せば病気は治る。

・赤痢、白痢の病気によって面青く、眼反り、唇黒く、正体不明になって人がわからないときには、手によって痛むほど強く丹田を捻ずる、また杖によって身体の痛いところを打つと治る。なぜなら、病気は心によって起きるから、心に憂愁の思慮があれば、邪気が身体のなかに入ってしまう。そのために身体の痛いところを打つと、その痛みによって邪気が去ってしまうからである。

＊注

『天台大師の五種の修行論にみられる「観病患境」の比較』

では、天台大師の身体観とはどのようなものなのか。その最も晩年の撰述である大部の『摩訶止観』から、病気（病患）という身体性に直接関わる記述を抜き出し、それを『天台小止観』『六妙法門』『禅門修証』『禅門口訣』などの修行論にみられる病気（病患）と比較対照して、おおよそ天台大師三十歳代から晩年までの身体観を、対照表を参考にしながら探ると次のようである。

〈摩訶止観』「観病患境」を中心とした比較〉

- 『摩訶止観』第七章第三節「観病患境」
- 『天台小止観』（修習止観坐禅法要）第九章「治病」
- 『六妙法門』第四章「対治六妙門」
- 『禅門修証』（釈禅波羅蜜次第法門）第六章第四節「明治病方法」
- 『禅門口訣』

摩訶止観	天台小止観	六妙法門	禅門修証	禅門口訣
Ⅰ「病患の様相		＊三業の論述のみ		
(大正 46 p.106a)	(大正 46 p.471b)	(大正 46 p.551a)	(大正 46 p.505b)	(大正 46 p.581c)
①四大を知る	○四百四病あり	×	○四百四病あり	○
②五臓の病相	○	×	○	×
③六神の病相	○	×	○	×
Ⅱ「病相の原因」				
(大正 46 p.107ā)	(大正 46 p.471c)	(大正 46 p.551a)	(大正 46 p.505b)	(大正 46 p.582a)
①四大不順	○	×	○	○
②飲食の不節制	○	×	○	○
③坐禅の不調	○	×	○	△不調息
④鬼神病	○	×	○	○
⑤魔病	○	×	○	○
(bhūta-vidyā)				
⑥業病	○	×	○	○
(karma-hetuka)				

Ⅲ「治病の方法」（大正46 p.108a）	（大正46 p.471c）	（大正46 p.551b）	（大正46 p.506a）	（大正46 p.582b）
①止の方法「皇帝の秘法にいうが如く」（大正46 p.108b）	○	○	○	×
②気の方法（吹呼嘻呵嘘呬の六種気）	○	△六種気なし	○	×
③息の方法	○	△十二依息なし	○	○
④仮想の方法	○	○	○	×
⑤観心の方法	○	○	○	×
⑥方術の方法	○	○	○	×
⑦補足として	○	○	○	×

天台大師の最も晩年の撰述である『摩訶止観』の「観病患境」の身体観には、『天台小止観』第九章「治病」ばかりではなく、三十歳代に撰述された『禅門修証』第六章「明治病方法」の内容とほとんど相応していることがわかる。

○『摩訶止観』にみる天台大師の二つの身体観

ながながと『摩訶止観』第七章「観病患境」の主旨を概略したが、さきの陰陽五行説に支えられた中国医学の伝統的な身体観と、天台大師の活躍した六世紀までにインド仏教医学から継承した四大理論に支えられた身体観を整理すると、『摩訶止観』には二つの身体観が併存していることがわかる。分類すると次のようである。

〈第一の身体観：陰陽五行説に支えられた気の生理学による身体観〉

『摩訶止観』Ⅰ「病患の様相」
　②五臓の病相
　③六神の病相
Ⅱ「病相の原因」
　⑤魔病（bhūta-vidyā）
　⑥業病（karma-hetuka）
Ⅲ「治病の方法」
　①止の方法「皇帝の秘法にいうが如く」
　②気の方法（吹呼嘻呵嘘嗬の六種気）

⑥方術の方法

〈第二の身体観：インド仏教から継承した四大論に支えられた身体観〉

『摩訶止観』Ⅰ「病患の様相」

①四大を知る

Ⅱ「病相の原因」

①四大不順

②飲食の不節制

③坐禅の不調

④鬼神病

Ⅲ「治病の方法」

③息の方法

④仮想の方法

⑤観心の方法

これによって、天台大師には第一に「陰陽五行説に支えられた気の生理学の身体観」と、第二に「インド仏教から継承した四大理論に支えられた身体観」の併存が、よりはっきりとわかったといえる。

「二　陰陽五行説に支えられた気の生理学による身体観」について

とくに第一の「陰陽五行説に支えられた中国医学の身体観」では、Ⅲ「治病の方法」①止の方法に「皇帝の秘法にいうが如く」と示された、中国医学の根本聖典『黄帝内経』(『素問』『霊枢』)からの引用といえる一節がある。

「天地の陰陽の二気が交合して各々に五行がある。金・木・水・火・土の循環である。相生関係としては、金化して水生じ、水流れて木栄え、木動いて火明らかに、火炎あって土貞まる。逆に相尅関係としては、火は水を得て光を滅し、水は土に遇って行かず、土は木に値って腫瘡し、木は金に遭って折傷する。また金が木を尅するように、肺臓が実になると肝臓が虚になる。このとき心を肺臓に止めて白気を摂取するならば、肝臓の病気は治る。他の四臓も同じである」(大正四六、一〇八b、『摩訶止観』下、一九四頁)

これは、『黄帝内経』の『素問』「金匱真言論」「陰陽応象大論」「六節臓象論」など、中国伝統の医学書の用例とよく相応している。また具体的には相応箇所がみられなくとも、おおよそは『黄帝内経』の所説などを統合した当時の病症や治療方針の基準なる「陰陽五行色体表」から理解すると、この「観病患境」に仏教系の観想法など(『阿含経』「治禅病秘要法」七十二法)が含まれていても、『黄帝内経』の思想が色濃く読み取れるのである。

また、『黄帝内経』などの正統医学書には具体的に記述されていない按摩法、調気導引法などに関わるものも、七世紀初頭までには編集されていた道教系統の医学書孫思邈著『備急千金要方』(六五〇〜六五八)などに記述されているものが、すでに六世紀に撰述された『摩訶止観』や『天台小止観』にもみられるということは、天台大師は当時隆盛であった道教系医学の葛洪(二八三〜三六三)著『抱朴子』『肘後備急方』『金匱薬方』、その後継である陶弘景(四五二〜五三六)著『肘後百一方』『神農本草経』などの基礎医学のテキストに精通していたと考えられるのである。

そしてこれらのことから、天台大師が学ばれたと考えられるテキストには、おおよそ次の医学文献を挙げることができる。

○『黄帝内経』(『素問』『霊枢』)　紀元前三二〇〜二五〇年ごろ成立
○『黄帝八十一難経』　二世紀末成立
○『金匱要略方』張仲景著　三世紀前半
○『脈経』王叔和著　二一〇〜三一六年

(拙論「天台大師の治病法、二つの基礎概念について」〈『現代宗教研究』第三二号、日蓮宗現代宗教研

究所所収〉二五〇～二五六頁）

これらから天台大師の一つの身体観は、『黄帝内経』などの気の医学、陰陽五行説に支えられた気の生理学であることが明らかである。

「二　インド仏教から継承した四大論に支えられた身体観」について

また、第二の「インド仏教から継承した四大論に支えられた身体観」では、天台大師の四大理論に関する記述は、とくに四大の病相では『摩訶止観』に、

「地大の病相とは、身体が苦重となり、節々などが堅く結して疼痛があり、また枯れたように手足がしびれて瘠るなどの症状となる。水大の病相とは、力なく浮腫《むく》み、脹れる症状となる。火大の病相とは、全身が激しい熱になり、身体の節々がつらく刺すように痛んで、呼吸が苦しいなどの症状となる。風大の病相とは、心がどこかに引っかかったように、気抜けしぼんやりして、心の奥で苦しみもだえて、自分の正体がなくなってしまうような症状となる」（大正四六、一〇六c、『摩訶止観』下、一八四頁）

とあり、また四大の不順の病では、

「この四大の働きはいつも休むことがなく、生命活動の重要な力であり、それは寒熱に、また甘い辛いという味にも関係している。火大の病とは、外の熱が火（大）を助け、火（大）

が強くなり過ぎて水（大）を破る。水大の病とは、外の寒が水（大）を助け、水（大）が増して火（大）を害す。風大の病とは、外の風が気を助け、気が火（大）を吹き、火（大）は水（大）を動かす。地大の病とは、三大（火大・水大・風大）が増えて、地（大）を害することを等分の病といい、また身分（地大）が増えて三大を害することも等分の病である。この四大が動くことによって、いろいろな悩みが競い起こってくる」（大正四六、一〇七a、『摩訶止観』下、一八六頁）

とあり、また飲食と四大では、

「薑桂《きょうけい》などの辛い物は火（大）を増し、甘蔗を煮た糖蜜（蔗蜜）の甘冷などは水（大）を増す。また梨などは風（大）を増し、脂肪（膏膩）などは地（大）を増すものである。また胡瓜など身体を冷やす食べ物は、熱のある病人には有用だが、体調のすぐれない人が食べるものではない。飲食はよくよく注意して、その性質を判断すべきである」（大正四六、一〇七a、『摩訶止観』下、一八六頁）

とある。

この天台の『摩訶止観』にみえる四大に関わる主要概念は、さきの五世紀ごろまでに中国へと伝播し翻訳された十五例の律蔵経典群のなかでは、

NO・5『仏医経』の「人の身体には四つの病気の本がある。地大、水大、火大、風大がそれ

である。風大は気が起きることによって増大し、火大は熱によって増大し、水大は寒によって増大し、そして、地大（土）は力によって盛んになる。この四大によって四つの病気があり、四百四の病気が生起する。また、それぞれの特徴を示すと地大（土）は身体に属し、水大は口に属し、火大は目に属し、風大は耳に属す。もし生命において火大が少なく、水大（寒）が多ければそれは死（目冥）を意味することになる。たとえば春の一、二、三月は寒が多く、夏の四、五、六月は風が多く、秋の七、八、九月は熱が多い。そして、冬の十、十一、十二月は風と寒と両方が含まれることになる」（大正一七、七三七ａ）

ＮＯ・15『金光明経』の「風大が多くなった者は、夏に風大病が発病する。その夏の熱で火大が増えた者は、秋に火大病が発病する。等分病（地大病）は冬に発病する。その冬に寒さで水大が増えた者は、春に水大病（肺病）を発病して悪化する。風大病の者は、夏に肥・膩・鹹・酢などを摂り、また熱食がよい。火大病（熱病）の傾向のある者は、秋に冷甜をとり、地大（等分）は冬に、甜・酢・肥・膩をとり、水大病（肺病）の傾向の者は、肥・膩・辛・熱をとるべきである。時節をわきまえずに、偏って飽食すると四大の病が、三時にわたって発病する。風大病の羸損は酥膩を補い、火大病に熱を下げるには、訶梨勒をとり、地大病（等分病）には、甜と辛と酥膩の三種の妙薬をとり、水大病の肺病はその時にしたがって吐薬を服すべきである」（大正一六、三五一ｃ）

の二経典と比較すると、未熟であることがわかる。

とくに『金光明経』では、病気に対する薬効食の指示、訶梨勒などの古典インド医学書（『スシュルタ・サンヒター』総説編第三十八章「薬物索類章」二六五〜二六六頁）では、三果薬（tri-phalā-myrobala）として珍重されるハリータキー（haritakī 訶梨勒）、アーマラキー（āmalakī 菴摩勒）、ヴィビータカ（vibhitaka 川楝）のなかの一つの薬効食などの進んだ記述からは、まことに未熟である。

しかし、律蔵群のNO・10『十誦律』巻第二「病者とは、四大が増減して諸々の苦悩を受けるのである」（大正二三、一〇b）、NO・11『四分律』巻第五十一「この身体は四大が合成して形づくられたものである。この四大による身体が異なるのは、四大の合成の仕方が異なるからである。この四大による身体から、心が起きて化作し、身体の諸根肢節の働きが備わるのである」（大正二二、九六四c）、NO・12『摩訶僧祇律』巻第五「この身体（身合）は、地水火風の四大によってできあがっている」（大正二二、二六三c）、NO・13『摩訶僧祇律』巻第十「病気には四百四病がある。風病に百一あり、火病に百一、水病に百一、雑病に百一がある。そして、風病の治療には油・脂を用い、熱病には酥を用い、水病には蜜を用い、雑病にはそれら三種薬を用いる」（大正二二、三一六c）この三経典の記述にはよく相応している。

とくにNO・13『摩訶僧祇律』の「病には四百四病がある」「風病の治療には油・脂を用い、

熱病には酥を用い、水病には蜜を用い、雑病にはそれら三種薬を用いる」などはとてもよく相応しており、天台大師はこのあたりのテキストを参考にしていると考えられるのである。

ここでこれまでを総合的に解説すれば、『摩訶止観』「観病患境」にみられる身体観、天台大師の身体観には、第一に「陰陽五行説に支えられた気の生理学の身体観」と、第二に「インド仏教から継承した四大論に支えられた身体観」の二つが併存し折衷されていたこと、そして、その折衷のあり方は、あくまでも中国伝統の『黄帝内経』などを中心とした身体観、陰陽五行説の気の生理学に支えられた身体観を前提として、そのうえにインド仏教より継承した四大論に支えられた身体観を折衷していたことである。

また、このような『摩訶止観』にみられる中国医学の知識と、インドの仏教医学の知識との折衷にあたって、天台大師は『大智度論』（大正二五）にみえるインドの仏教医学の知識を依用しており、そして、この天台以降の中国医学には、四大をはじめ、五塵、五大などのインド医学の概念が折衷されていったのである（安藤俊雄「治病方としての天台止観」〈『大谷大学研究年報』二三巻、一九七〇年〉所収）。

まさに天台大師の身体観にはさきの二つが併存していたが、基本的には気の生理学に支えられた身体観が色濃くみられ、それは生命現象をはじめ、自然界や人間界のあらゆる現象を離合集散して見ようとする気の生理学といえるものであった。私たち人間を「心―気―身体」という機能的構造によって把握し、気の生理学を媒介として心と身体の関係を理解していたのである。

これまでながながと述べたが、以上によって今後は中国仏教などの修行論を評価する場合に、とくに天台大師の撰述した『摩訶止観』『天台小止観』など修行法の指導書にみられる作法とその実際を理解するには、陰陽五行説の気の生理学に支えられた身体観を十分に考慮しなければ適正に評価できないことが明らかとなった。

まさに、これがプロローグで指摘した感性的な知のあり方であり、現代の理性的な知のあり方かたと大きく異なるのである。経験的に与えられた気エネルギーの感覚（気感）をどう自分のなかに収めてゆくか、どのようにその全体を映してゆくか、その身体的な感覚を陰陽五行説によりながら、日本人は古来、その感覚を自身の感性によって解説してきたといえる。

【天台止観にみられる「気の生理学」の特徴について】

ところで、天台大師の『摩訶止観』『天台小止観』『禅門修証』などの止観典籍にみられる「気の生理学」の一つの特徴として、六種の呼気法が取りあげられていることである。このような呼気法の技法を示す書物は唐以前にはごくわずかで、道教徒の医師の孫思邈が七世紀初めに

『備急千金要方』を著わし、それには五臓や三焦が原因となって生じる病気を治す呼気法の六種類についての詳しい記述がある。さらに、孫思邈と同年代の仏教徒、法琳の著書『弁正論』にもこの記述がみられる。

この『摩訶止観』の記述が、それら「気の生理学」の本家である道教関係の典籍より一〇〇年あまりも早い六世紀初めであることから、この時代の仏家と道家のあいだに何らかの交流のあったことが考えられる。

また、天台大師の呼気法六種には、『摩訶止観』と『天台小止観』『禅門修証』の二つには、その記述には違いがみられる。『摩訶止観』と『天台小止観』とを比較すると、『摩訶止観』には「吹・呼・熙・呵・嘘・呬」と、『天台小止観』には「吹・呼・嘻・呵・嘘・呬」とある。

しかし、これらの名称の意味は正確にはわからないばかりか、それらの発音の点でも、書記法の点でも、さまざまな説がある。ただ呼気の意味は、病気の治療上の効能から説明されているにとどまるもので、「熙」は肺、「呵」は心臓、「呼」は脾臓、「嘘」は肝臓、「吹」は腎臓、「呬」は三焦を支配するというように理解していたという（アンリ・マスペロ『道教の養生術』せりか書房、一一六〜一一七頁）。

ここで六気の理解を深めるために、さきのくり返しになるが『摩訶止観』の六気をあげ、孫思邈著『備急千金要方』と比較しよう。

〈『摩訶止観』〉

②気の方法、気を用いて治す

・吹・呼・嘻・呵・嘘・呬の六気をもちいる。これはみな口の中へ呼吸を出入りさせ、牙舌を転側し、ゆったりとして心を運び、その想を帯びて気をなす。

具体的にいえば、冷には吹をもちいて火を吹くようする。熱には呼をもちい、百節の疼痛には嘻をもちい、またそれは風も治す。浮腫《むく》んでいて上気するなら呵をもちい、痰癊には嘘をもちい、疲労には呬をもちいる。

・六気が五臓を治す。具体的にいえば、呵気は肝を治し、呼気と吹気は心を治し、嘘気は肺を治し、嘻気は腎を治し、呬は脾を治す。

・六気が一臓を治す。具体的にいえば、臓に冷えがあれば吹気をもちい、熱あれば呼気をもちい、痛みがあれば嘻をもちい、むくんで煩わしい（煩満）ならば呵気をもちい、痰がでれば嘘気をもちい、疲労があれば呬をもちいる。ほかの四臓も同じである。

・六気を呼吸に寄せてもちいる。具体的にいえば、口に吹気をして冷を去り、鼻より徐々に温気を入れる。口に呼気をして熱気を去り、鼻より清涼の気を入れる。口に嘻気をして痛を去り風を除き、鼻より安和の気を入れる。口に呵気をして煩わしさを去り気を下す。痰を散ずるには、胸の痰が上分は口にしたがって出で、下分は息にしたがって溜まると想う。そのために鼻から気を入れないようにする。嘘してむくみ（満脹）を去り、鼻より安銷の気を入れる。呬して疲労を去り、鼻より和補の気を入れる。

呼吸の出入りには細心の注意をはらい、けっして分を過ごさないようにするべきである。よく斟酌して、それぞれ気の増損が適当になれば、自分の病気が治るばかりではなく、他者をも救済することができるのである。

〈『備急千金要方』の巻二十七養生・調気法第五〉

もし心冷病を患えば即ち「呼」出る、もしは熱病ならば即ち「吹」出る。もしは肺病ならば即ち「嘘」出る。もしは肝病ならば即ち「呵」出る。もとは脾病ならば即ち「唏」出る。もしは腎病ならば即ち「呬」出る。夜半遅くに八十一回、鶏鳴に七十二回、平旦に六十三回、日の出に五十四回、辰時に四十五回、巳時に三十六回、この作法をなさんと欲すれば、まず左右の導引を三百六十遍おこなう。（中略）そして、心臓病には「呼吹」の二気、「呼」は冷を療し「吹」は熱を治す。肺臓病には「嘘」気を出だす療法を用いる。肝臓病には「呵」気を出だす療法を用いる。脾臓病には「唏」気を出だす療法を用いる。腎臓病には「哬」気を出だす療法を用いる（孫思邈『備急千金要方』江戸医学影印宋本、四八三頁下～四八四頁上）。

まさに『備急千金要方』の六気と、『摩訶止観』のそれは同じものであり、『摩訶止観』がこの『備急千金要方』より一世紀ほど前に成立していたこと、また著者の孫思邈が道教徒の医師であったということを考えると、『摩訶止観』の六気に関わる記述量の多いこと、その記述の綿密さなどを兼ね合わせて考えると、『備急千金要方』の六気は『摩訶止観』の影響下にあることがわかるのである。

5 天台大師の身体観をふまえた修行法の解説

天台大師の身体観は、陰陽五行説の気の生理学に支えられた身体観を前提として、そのうえにインド仏教より継承した四大論に支えられた身体観を折衷していることであった。そのなかでも、とくに気の生理学に支えられた身体観に重きがおかれており、それは生命現象をはじめ、自然界や人間界のあらゆる現象を離合集散して見ようとするものであった。私たち人間を

「心―気―身体」という機能的構造によって把握し、気の生理学を媒介として心と身体の関係を理解し、さらには経絡という気の流れるルートを発見し、このルートを通じて身体全体に気がめぐり、臓腑や身体各部の密接な連絡・相関性が見いだされて、人間の存在を有機的・全体的に把握していたのである。

ここで、このような古典として伝えられている陰陽五行説に支えられた気の生理学から、これまで意味のわからなかった修行法の作法とその実際を解説すれば、次のようになる。

法界定印

○趺坐の足、定印の手はなぜ左が右の上にあるのか

『天台小止観』には調身として、その坐法を示す場合、「半跏坐であっても、全結跏であっても、左脚が右脚の上になる」（『天台小止観』七三頁）ように指示しているが、それはなぜか。

また、坐禅を組むための「法界定印」などの印相としては「左の掌をもって右手の上に置く」（同、七三頁）ように指示しているが、それはなぜか。

まず気の生理学によれば、手足の指端には三陰三陽の関係で説明される十二経絡の始点と終点が集中しており、気エネルギーを中継しているという。とくに法界定印の場合には、まず手足の末端には十二経絡の始点・終点が集中しており、そこで気エネルギーを中継して各経絡の間で気エネルギーが循環しているのである。また、図のように法界定印では左右の母指が合わさるが、その拇指の指先には「太陰の肺経」の始点があり、その指先をつき合わせることで左右の十二経絡中を流れる気エネルギーの左右差のバランス、陰陽関係のバランスを取っているのである（前掲『東洋医学概説』二四六〜二五二頁）。

また、肺経という経絡は呼吸器系に関係する経絡系であるため、このような定印を取りながら呼吸を調えていくと、左右の鼻の通りがよくなり呼吸が安定する。それは、母指の「太陰の肺経」が第二指の「陽明の大腸経」につながり、さらにその流れは鎖骨を通って鼻孔の端（迎香）へとつながっているからである。ちなみに、この迎香は鼻炎の治療点で、呼吸と深く関わっている経穴でもある（同、二三六頁）。

また、定印「左の掌をもって右手の上に置く」、坐法「左脚が右脚の上になる」と、ともに「左上」になるように位置させるのは、気エネルギーには陰陽関係があるからであり、陰性は下降し陽性は上昇する方向で流れるからである（同、一六二〜一六四頁）。

このために、陰性の左側の手足が上に、陽性の右側の手足が下にある場合に陰陽関係が成立し、気エネルギーが安定して左右の手足の末端で循環するように意図していると理解できる。

手太陰肺経の図(『図解十四経発揮』医道の日本社、34頁より転載)

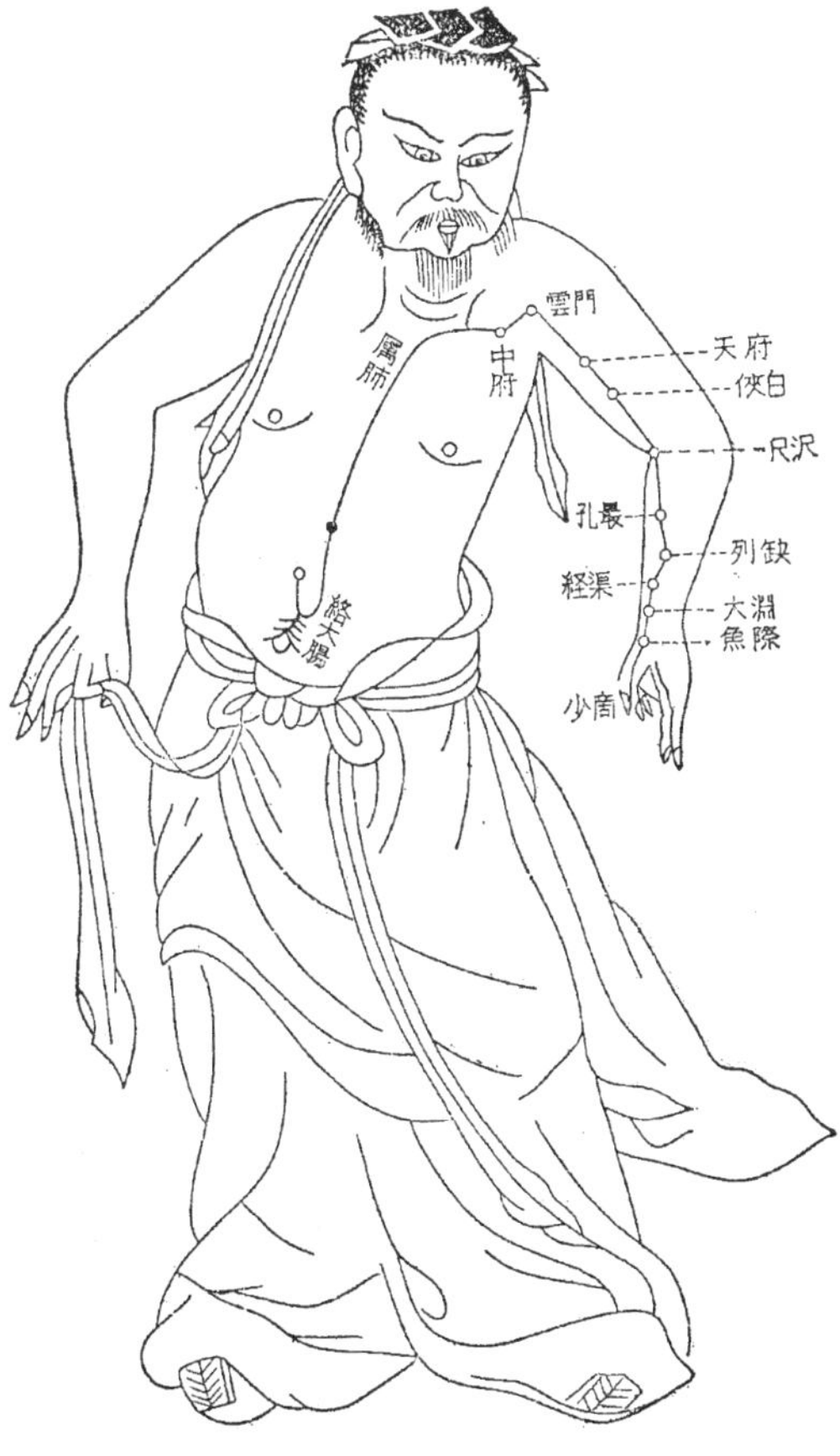

手陽明大腸経の図（『図解十四経発揮』医道の日本社、40頁より転載）

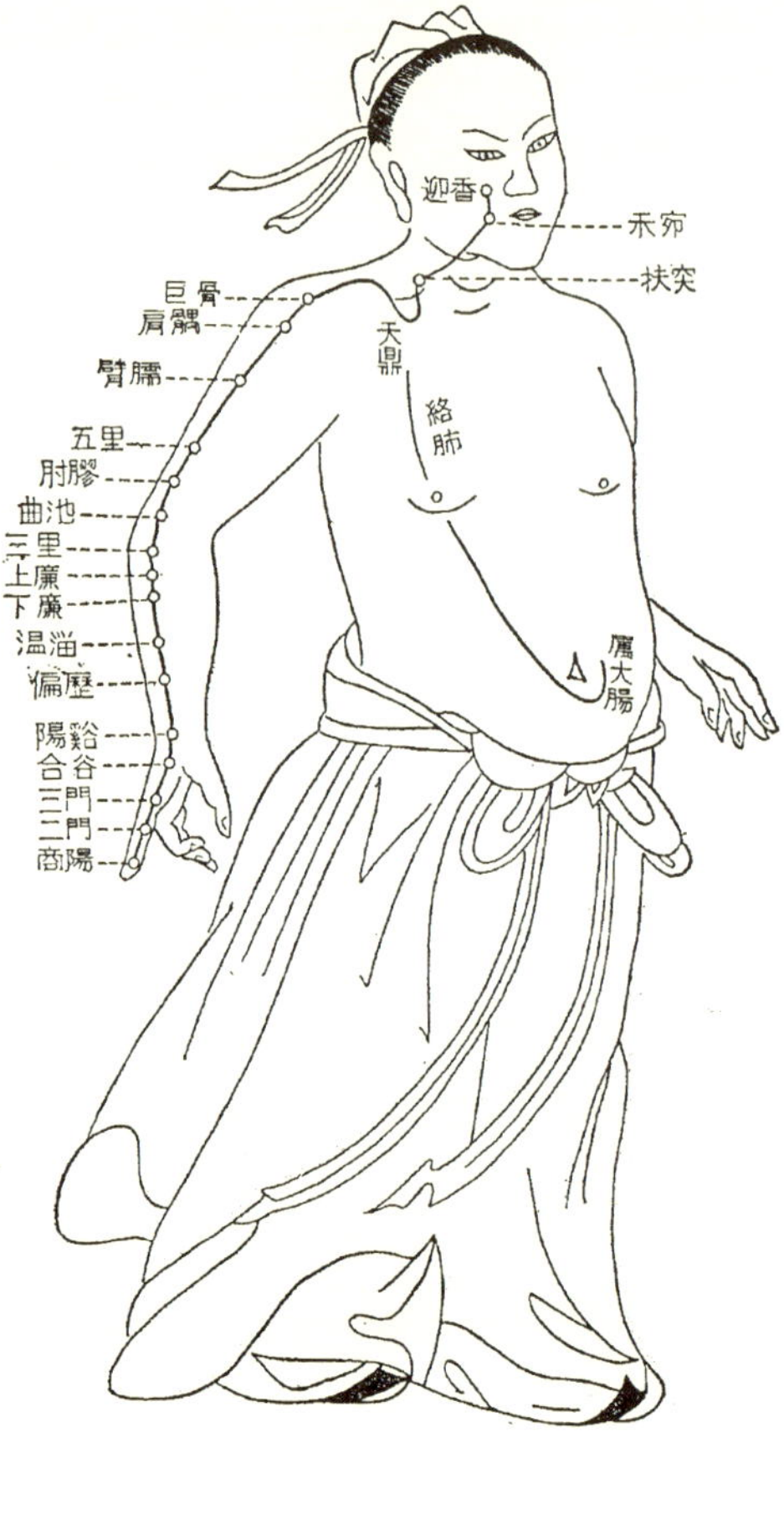

○二つの丹田の意味

関口真大博士の指摘する二つの丹田、『天台小止観』には「臍下一寸を憂陀那と名づく」（『天台小止観』一六五頁）、『摩訶止観』には「丹田は臍の下を去ること二寸半なり」（『摩訶止観』下、一九三頁）とは何か。

気の生理学では、人間の身体を「上部の頭から頸」までを上焦、「中部の胴体の肋骨から横隔膜」までを中焦、「下部の下腹」までを下焦という三つの部分（三焦）に分けており、また道教ではその中心あたりを上丹田、中丹田、下丹田と理解しているところから、当時は丹田といってもある特定の部位を厳密に限定していたのではなく、この場合はおおよそ下腹の中心部全体を下丹田と称していたと理解できるのである（野口鐵朗・坂出祥伸・福井文雅・山田利明編『道教事典』「丹田」〈平河出版、一九九四年〉三八八～三八九頁）。

また、気血の流れるルートである「経絡」から理解すれば、『天台小止観』の「臍下一寸」の場所は、図のように奇経八脈の一つ任脈の上の「気海」（厳密には臍下一寸～一寸五分）に相応すると考えられ、『摩訶止観』の「臍下二寸半」の場所は、やはり任脈上の「関元」（厳密には臍下二寸五分～三寸）に相応するものと理解できる（本間祥白『図解十四経発揮』医道の日本社、一九八四年、一七二～一七三頁）。

さらに「気海」は、正経と呼ばれる気血の流れる十二のルートからみれば、「腎経」と「膀胱

任脈の図（『図解十四経発揮』医道の日本社、168頁より転載）

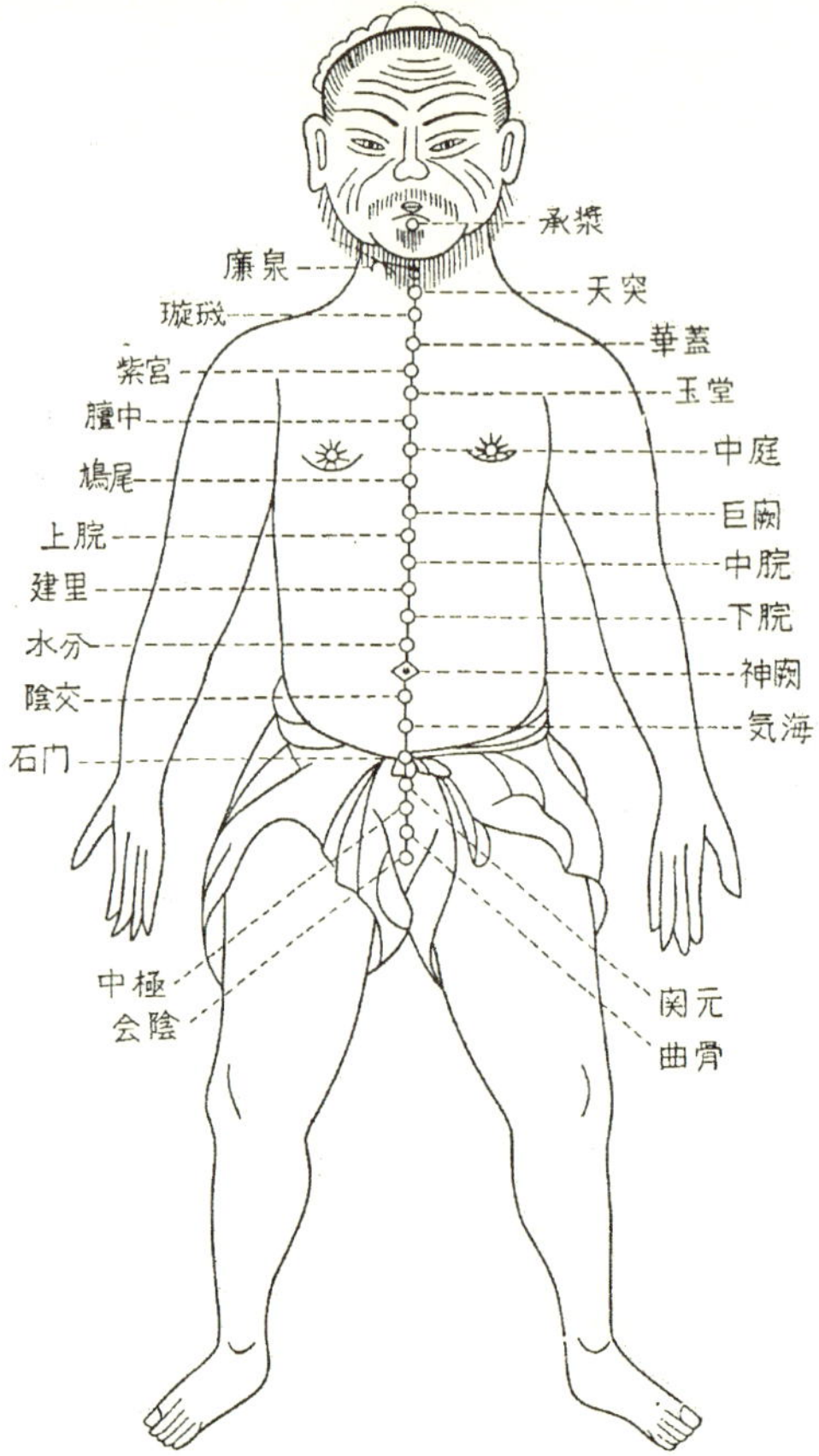

経」などの泌尿生殖器系の機能に関係する募穴であり、「関元」もやはり「胃経」と「脾経」などの消化器系の機能に関係する募穴なのである。これらから、天台大師は『黄帝内経』などの中国医学の知識と、自分自身の経験則という体験知から、この二つの丹田を分けて理解して、とくに病気を止業（精神集中療法というべき方法）で養生するときなど、その病気の種類によって精神集中する部位を使い分けていたことがわかる。

また、『天台小止観』の「憂陀那」とは、本来インド医学のアーユル・ヴェーダやヨーガなどで生命作用を説明する理論に、プラーナ（prāna 呼吸風＝呼吸）・アパーナ（apāna 下風＝排泄作用）・ヴィヤーナ（viyāna 媒風＝分解作用）・サマーナ（samāna 等風＝消化同化作用）・ウダーナ（udāna 上風＝上昇作用）の五風論があり、そのうちの一つに上昇作用を司るウダーナがあり、憂陀那はその派生語なのである（佐保田鶴治『解説ヨーガ・スートラ』平河出版、一九八二年、一四六・二〇七頁）。

インド医学やヨーガでは身体を五つの部分に分けて、その身体の五つの部分に応じて中国医学でいう「気」と同様に考えられる「プラーナ」という生命エネルギーも、大きく五つに分けそれを五風と称している。さらに、その五風のなかで身体の一番上部に位置し、プラーナの摂取される場所をウダーナ（憂陀那）と呼んで、上風や口中の風をさしている。また、インド医学では人間の身体を多重の存在として理解し、肉体身、微細身、原因身の三つの次元で捉えて、とくにその微細身（liṅga-śarīra）では、気の生理学でいう気エネルギー（プラーナ）を摂取する場所をカンダスターナ（kanda-sthāna）と呼んでいるのである（同『ヨーガ根本教典』「ハタ・ヨーガ・プラティーピカー」三・一〇三〜三・一一五、平河出版、一九八二年、二四六〜二五〇頁、前掲『密教ヨーガ』一三四〜一三五頁）。

そして、その部位は中国医学でいう「関元」と相応するところから、天台大師は外気を関元から摂取することで気力の充実を促し、より高次元の霊性を開発する行法を経験的に知っていたと理解できる。

そのような機能についてインド医学では、「風大（vāta）は正常な状態にあるときには、身体（tantra）の組織（yantra）を保持するものであり、プラーナ・ウダーナ・サマーナ・ヴィヤーナ・アパーナの五種よりなり、さまざまな運動を促進させ、心理器官を制御し導き、すべての感覚器官を活性させ、（中略）身体のすべての組織を統合するものであり、身体の各部の結合をもたらすものである」（『チャラカ・サンヒター』I・一二・八）と、具体的に五風による身体の維持が示されている（幡井勉編『生命の医学アーユルヴェーダ』柏樹社、一〇四頁、一九九〇年）。

また、中国医学でも、呼吸法で丹田に気をめぐらせる方法があり、漢代の『伸鑒』という医学書には「関元とは呼吸した気を関蔵し蓄えて、四方の気をうけ授けるものである」と示され

五プラーナの図（本山博『密教ヨーガ』177頁より転載）

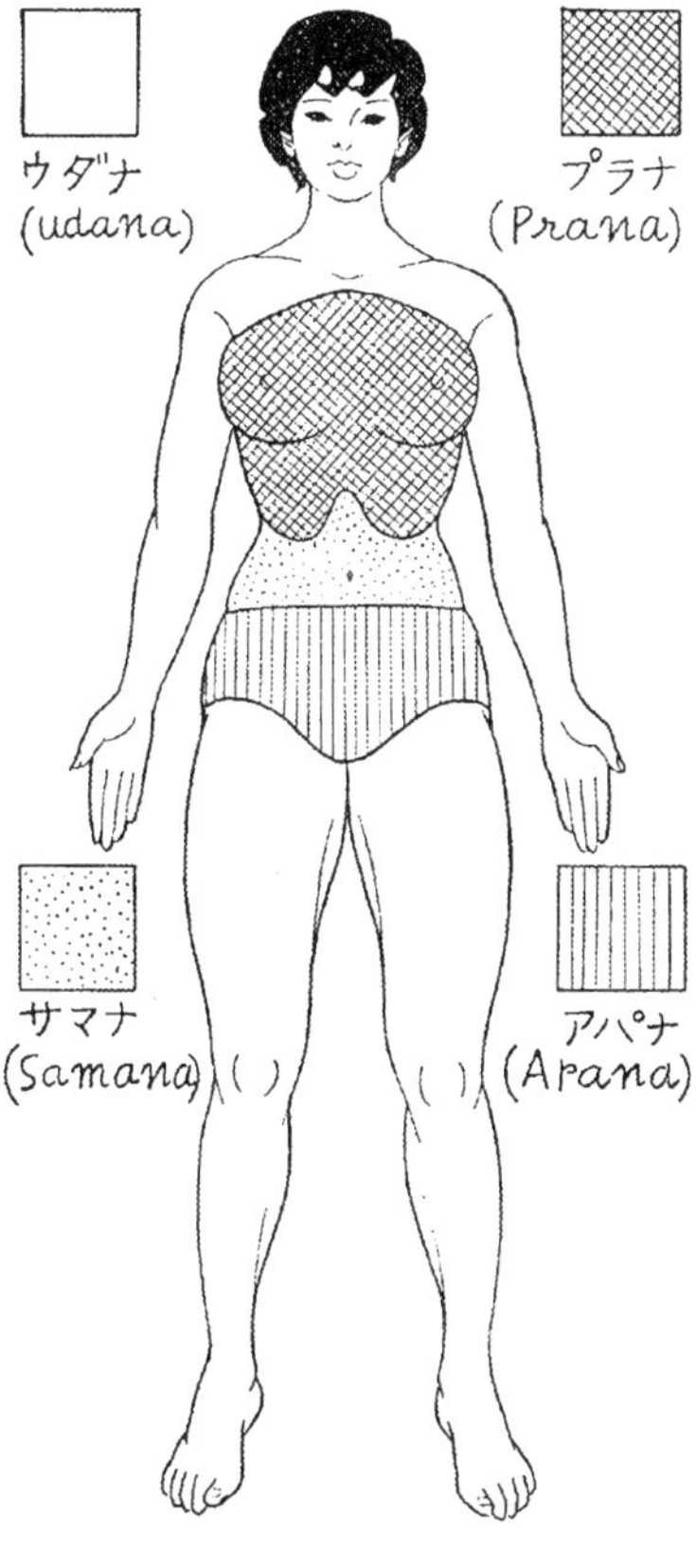

（本山博『密教ヨーガ』136～137頁より引用）

＊ G. Ś	＊ S. S. P	＊ ŚAN. U	＊ S. C. N	経　　絡
中　　央	口蓋を通じてブラフマランドラ迄	肛門の後、頭頂のブラフマランドラ迄	カンダの中央から頭まで	督脈＝上唇→会陰
左　　側	鼻孔に終わる	スシュムナの左側	スシュムナの左側	膀胱経（第2行）脊柱の両側 足拇指端→目
右　　側	鼻孔に終わる	スシュムナの右側、右鼻孔に終わる	スシュムナの右側	膀胱経（第2行）
左目に終わる	両耳に終わる	イダの後から左目に至る	○	膀胱経（第3行）？
右目に終わる	両耳に終わる	○	○	膀胱経（第1行）？（左）
右耳の内	両目に終わる	ピンガラの後方より右目に終わる	○	膀胱経（第3行）（右）
左耳の内	○	ガンダーリとサラスワティの中間を走り右耳と足端に終わる	○	膀胱経（第1行）（右）
口に終わる	○	カンダの内、肛門の根から上下向	○	任脈 会陰→口
ペニスに終わる	肛　　門	スシュムナの傍、ペニスの端迄	○	肝経？ 足拇指端→ペニスを過ぎ→鼻→目
肛門、ムーラダーラの内	ペニスの端に	右耳の端迄上行	サハスラーラの下、スシュムナを顎より上のその茎において支える	腎経
○	口端に	スシュムナの後で舌の上端迄	○	脾経？
○	○	ヤシャスヴイニとクフとの中間を走り、クンダリニーの上下の凡ての部分に至る	○	
○	○	プーシャとサラスワティの間	○	胆経
○	○	○	○	
○	○	○	○	胃経
○	○	足指端迄	○	
○	○	○	スシュムナの内	
○	○	○	バジュラナディの内	
NOTE ＊ G. ŚはGorahṣatakaの略	NOTE ＊ S.S, PはSiddhasiddhāntapad-dhatiの略	NOTE ＊ ŚAN. UはŚāntila Upaniṣadの略	NOTE ＊ S. C. NはSatcakra-Nirupanaの略	

ナディの走行の表

(14ナディ)	(14ナディ) ジーバラダルシャナ ウパニシャット	(10ナディ) チューダマニ ウパニシャット	(15ナディ) ヨーガシカー ウパニシャット
1 スシュムナ	脊柱の管に沿って 頭頂まで	1. 中　央	中央、梵脈管
2 イ　ダ (信仰女神)	自己の口にて梵孔の口をおおいスシュムナの左、左の鼻端に至る	2. 左の部分	臍輪よりスシュムナの左(金色の風)垂下に逢合、臍の終部に接近
3 ピンガラ (黄色仙女)	自己の口にて梵孔の口をおおいスシュムナの右	3. 右の部分	臍輪よりスシュムナの右(太陽我)は垂下(ヴィラムバ)に逢合、臍の終部に接近
4 ガンダーリ(ラ)	イダの後の脇 左目端	4. 左　目	臍輪より　目に至る
5 ハスティジフバ (象　舌)	イダの後の脇 左足拇指端に達す	5. 右　目	臍輪より　目に至る
6 プーシャ (栄養女神)	ピンガラの(両)脇の一つ ピンガラの後方より右の目に達す	6. 右　耳	臍輪より　耳に至る
7 ヤシャスヴィニ (光栄神母)	ピンガラの(両)脇の一つ プーシャとサラスワティの中間左足の拇指端に達す	7. 左　耳	○
8 アランブサー (濃霧仙女)	肛門を囲りて球(カンダスターナ)の中央	8. 口	臍輪より　耳に至る
9 ク　フ (新月天女)	スシュムナの(両)脇の一つ スシュムナとラーカとの前方の弓状の処に住し、脈管は下→上→右の鼻端に至る	9. 性　器	臍より下向する 垢穢をすてる
10 シャンキーニー (真 珠 母)	ガンダーラとサラスワティの中間、左の耳に達す	10. 根 本 処 (ムーラダーラ)	喉頭に存す 下方に口を有す食の精髄をとって頭に集む
11 サラスワティ (弁財天女)	スシュムナの(両)脇の一つ 上方に行く	○	舌端に攀縁す
12 パールニ (水天女)(ラ)	ヤシャスヴィニーとクフとの中間	○	臍より下行する、糞尿を排泄する
13 パヤスヴィニー (豊乳女神)	右耳端に達す	○	○
14 シューラ (戦主神女)	○	○	臍輪より　眉間に至る
15 ヴィシュヌダーリ (一 切 胎)	クフとハスティジフバの中間、球(カンダスターナ)の中央に住す	○	臍輪より　四種の食を食う
16 サウムヤ (Saumya)	○	○	○
17 バジュラナディ	○	○	○
18 チトリニ (Citrini)	○	○	○
19 他	ジフバも上方に行く		ラーカ(満月女)瞬時に水を飲んで―(食道)鼻にクサメを起こし痰を集む(咽頭) 臍より下行　チトラ(卓越)は精液を排出する作用を有す。次に脈管輪と名づけられたる点滴の形相をきくべし
備　考	一切脈管の根＝球根床(カンダスターナ)はムーラダーラより九指上、その中央に臍、カンダスターナより水平、上下にナディが向う		垂下という。うるわしい脈管は臍部に安立する。そこに脈管は発生し、水平又は上下方に向う。それは臍輪と言われ、恰も鶏卵の如し

十風とその位置についてのウパニシャットその他の説明（同、154頁より転載）

ウパニシャット／名称	ヨーガ・チューダマニ・ウパニシャット	シュリ・ジャーバーラ・ダルシャナ・ウパニシャット	Serpent Power (A. Avalon)	サッチャナンダ
プラナ	心臓	口と鼻との中間において、臍の中央、心臓において不断に動く	心臓の領域	喉頭と横隔膜の上部との間に存す
アパーナ	ムーラダーラ	大腸、陽根、大腿、胃の全部、臀部、臍及び脛にて動く	肛門の領域	臍より下の領域
ヴャーナ	身体の一切処に遍満	耳と目との中間における両角より両踵に至り、プラーナの代りに咽喉において転現する	身体に遍満	身体に遍満する
サマーナ	臍	一切身体に遍満している	臍の領域	臍と心臓の間
ウダーナ	咽喉	両足と両手	喉の領域	喉頭より上の身体部位
ナーガ	○	皮膚、骨において住す		
クールマ	○	皮膚、骨		
クリカラ	○	皮膚、骨		
デーヴァダッタ	○	皮膚、骨		
ダナンジャ	全身遍満	皮膚、骨		

十風とその位置についてのウパニシャットその他の説明（同、155頁より転載）

ウパニシャット／名称	ヨーガ・チューダマニ・ウパニシャット	シュリ・ジャーバーラ・ダルシャナ・ウパニシャット	Serpent Power (A. Avalon)	サッチャナンダ
プラナ	○	気を吹き出し吸入、咳出する	呼吸	呼吸器官、言語器官、食道及びこれらの器官を動かす筋肉神経と連係している。プラナによって吸気が行なわれる。
アパーナ	○	大小便の排出	排出作用	大腸、腎、肛門、生殖器にエネルギーを供給する。本来、直腸を通じてプラナが爆発することに関連している。
ヴャーナ	○	分解作用	身体に遍満分割拡散を生ぜしめ、分解を防ぎ身体各部を共に保つ	身体に遍満し、凡ての運動、エネルギーをコントロールする。手足、筋肉、靭帯、神経、関節等に調和を与える。直立の姿勢はこのヴァーナの司るところ。
サマーナ	○	一切を近接せしむる用をなす	消化同化作用	消化器系を働かしコントロールする。すなわち胆、腸、膵、胃、それらの内分泌をコントロールする。サマーナはまた、心臓循環系を動かす。消化同化作用を司る。
ウダーナ	○	上昇の作用	上昇風	眼、鼻、耳、凡ての感覚器、脳を働かす。ウダーナなしには思考ができず、外界を知覚できない。
ナーガ	唾する	吃逆（シャクリ）		○クシャミ　○アクビ　○ヒッカク　○ゲップ　○シャックリ　○飢
クールマ	眼を開く	瞬眴（マバタキ）		
クリカラ	クシャミをする	飢える		
デーヴァダッタ	アクビをする	睡眠		
ダナンジャヤ	全身に遍満し死者を去らず	光栄		

（「養生術」〈『道教』1所収〉二六五頁）、それはウダーナから呼吸によって摂取されたプラーナ（生命エネルギー）が「関元」に収蔵されると示されているのである。そのような考え方のもとで、インド医学でいうウダーナは憂陀那として中国医学へと折衷され、「関元」と同義語の「丹田」として理解されたのである。

○坐禅を組むとき舌を上顎になぜつけるのか

坐禅を組むときに「口は軽く結び、舌を挙げて上齶《うわあご》に向ける」（『天台小止観』七五頁）ように指示しているが、それはなぜか。

気の生理学では、とくに道教系の医学には長寿養生法として小周天という行法があり、これは身体の正中線上を背中から前面へと流れる任脈・督脈の気エネルギーの流注を意識することで、その任脈・督脈の両脇を流れ全身の気エネルギーの充実を促す腎経・膀胱経の経絡系を刺激し、下半身に気が充実し上半身がリラックスして心身がともに安定する状態（下実上虚）を実現する方法である（参考：本山博訳『太乙金華宗旨』宗教心理出版、一九七四年、『道教事典』平河出版社、一九九四年、二七五頁）。

ここでこの方法を理解するために経絡理論を概説すれば、まず経絡には十二の正経と八つの奇経があり、十二の正経は五臓六腑が配当されて、奇経は十二の経絡を河川の本流にたとえる

小周天循環図（『道教事典』平河出版社、275頁より転載）

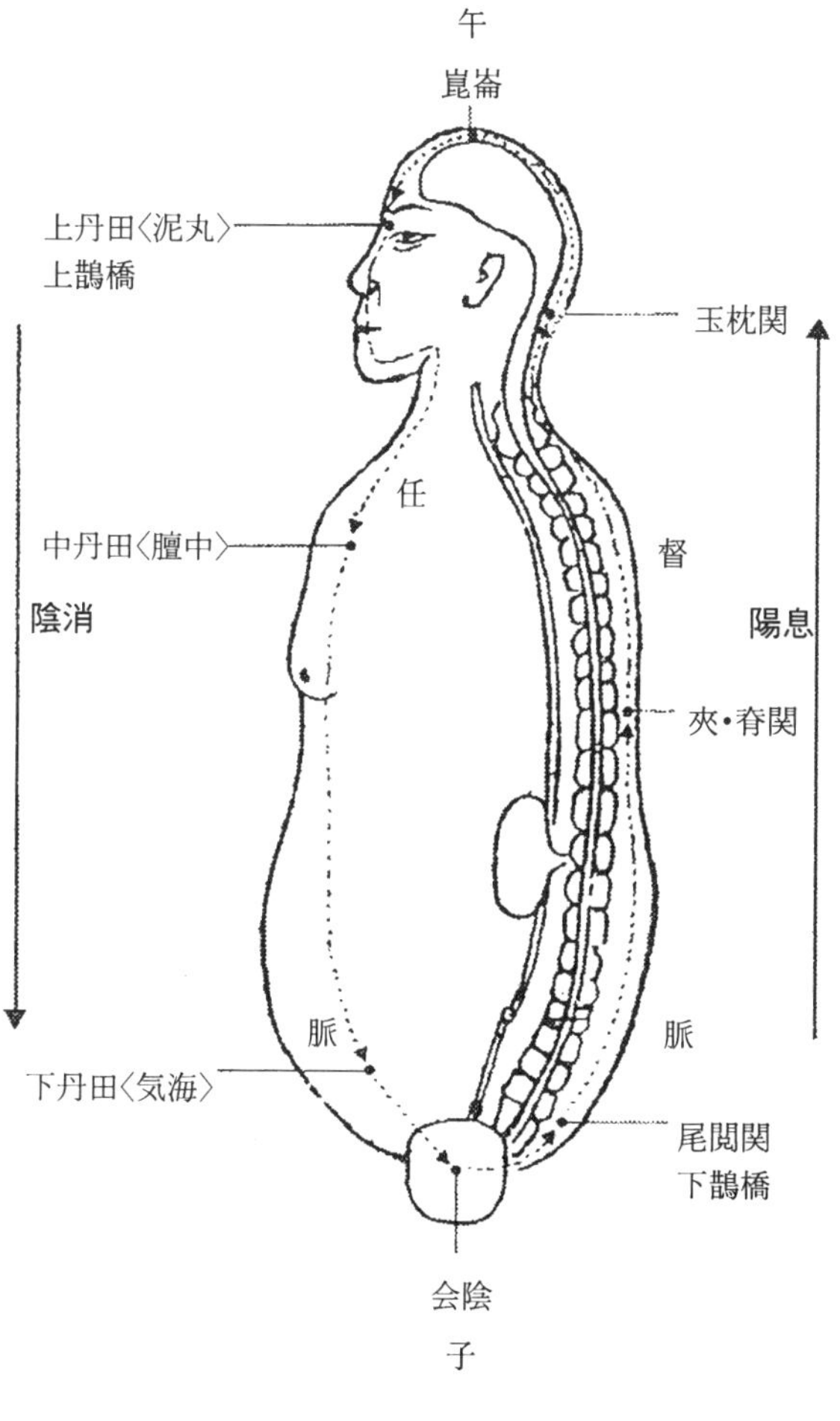

任脈の図(『図解十四経発揮』医道の日本社、171頁より転載)

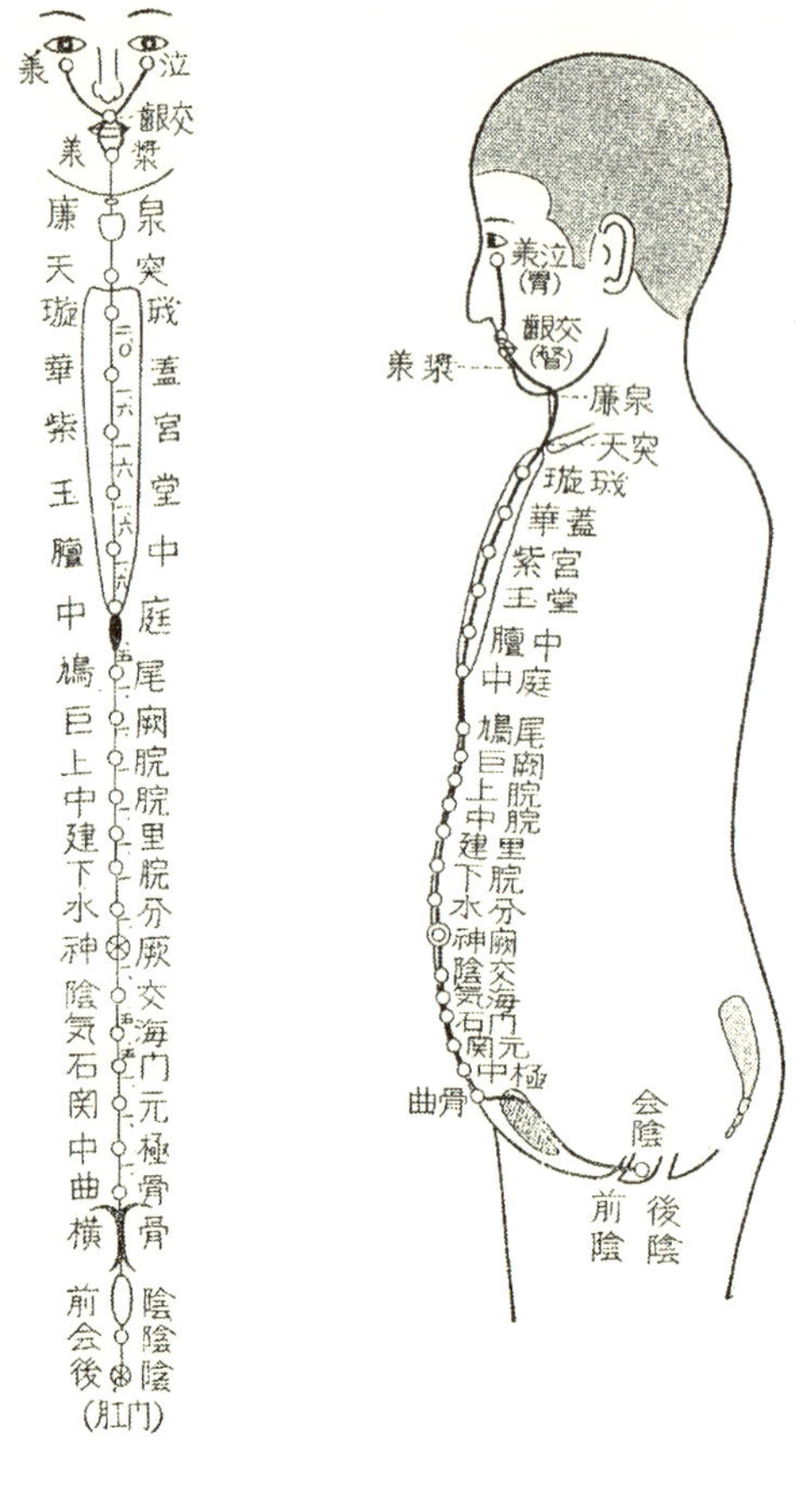

督脈の図（『図解十四経発揮』医道の日本社、160頁より転載）

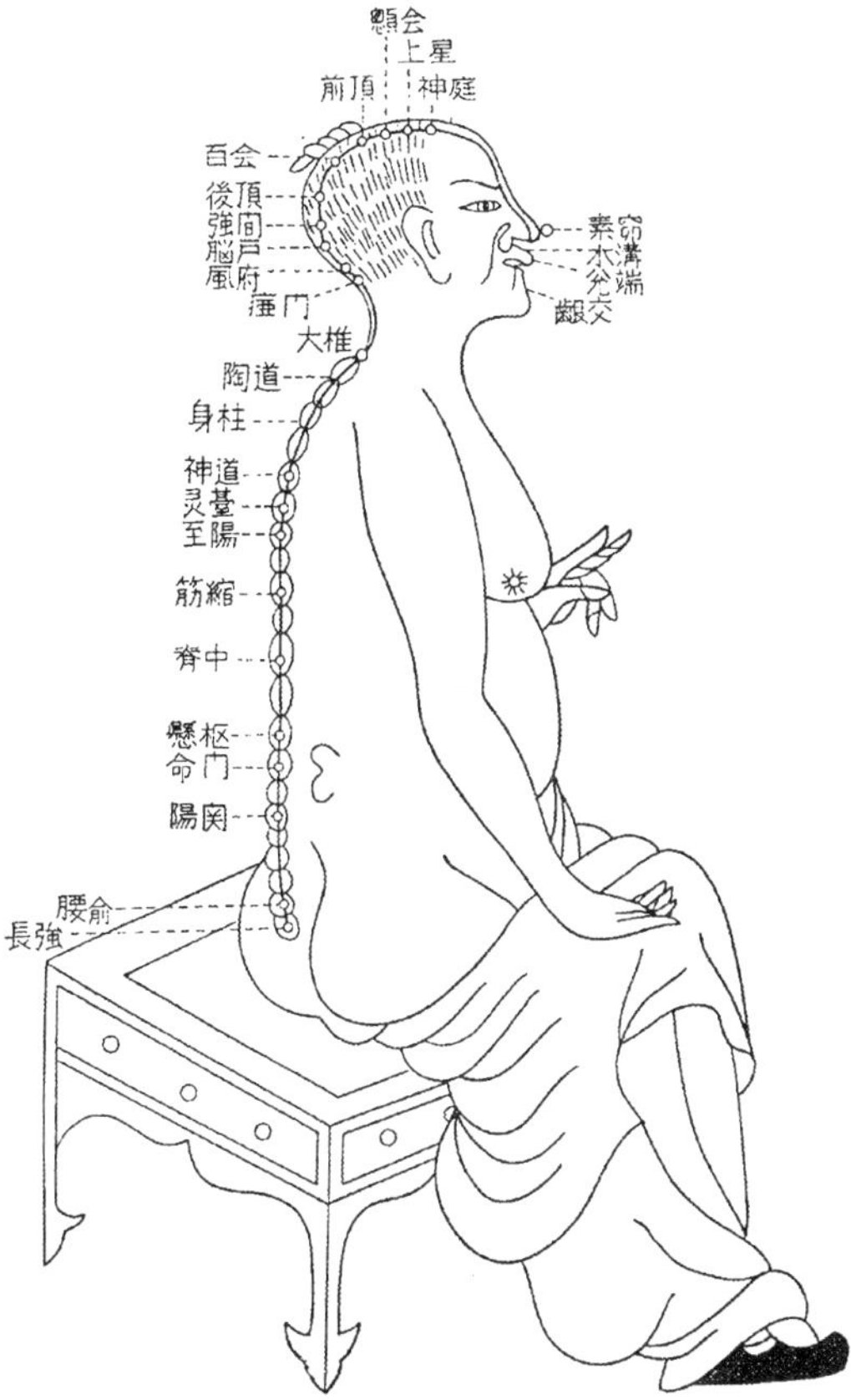

足少陰腎経の図（『図解十四経発揮』医道の日本社、103頁より転載）

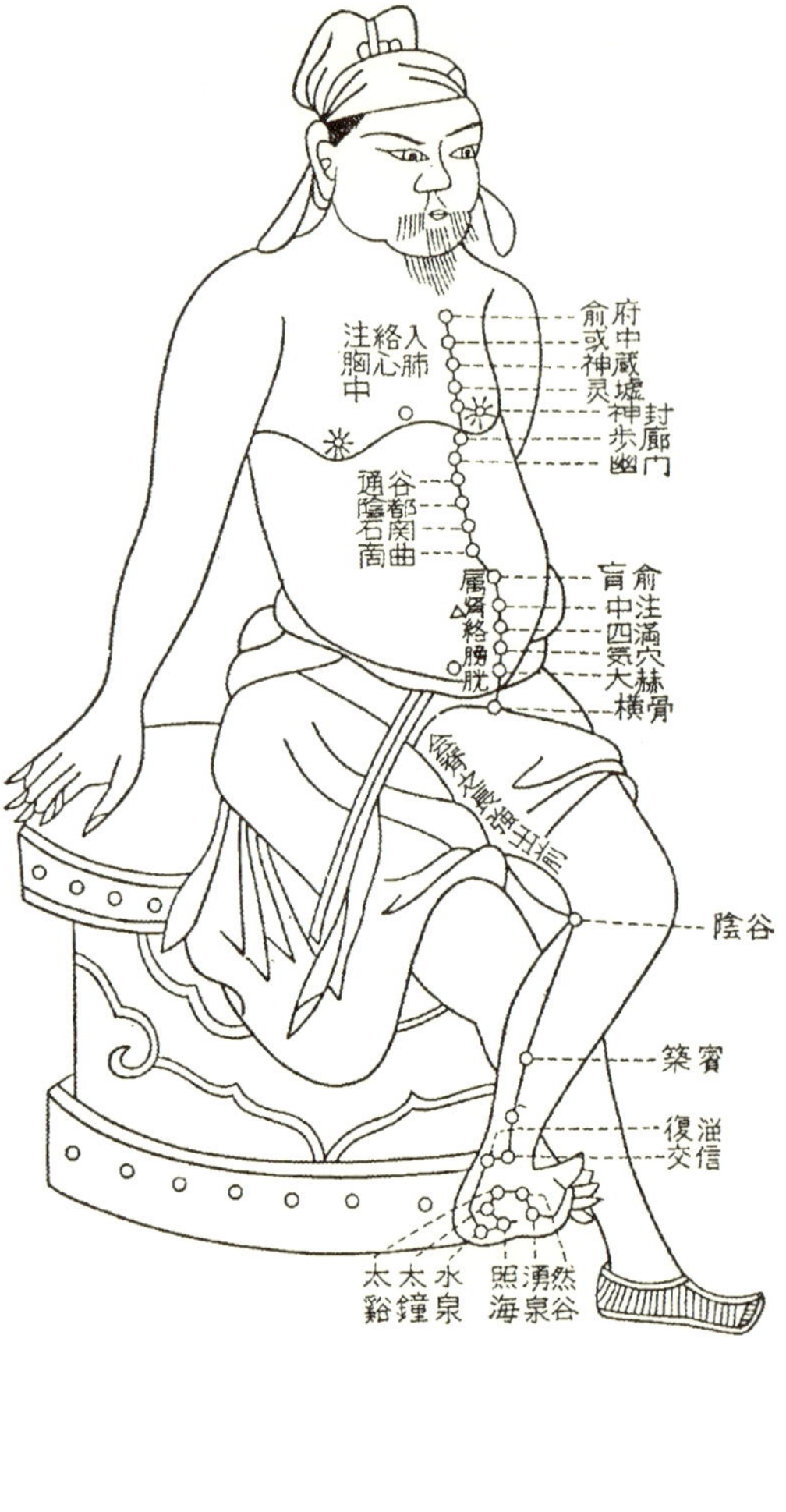

足太陽膀胱経の図（『図解十四経発揮』医道の日本社、83頁より転載）

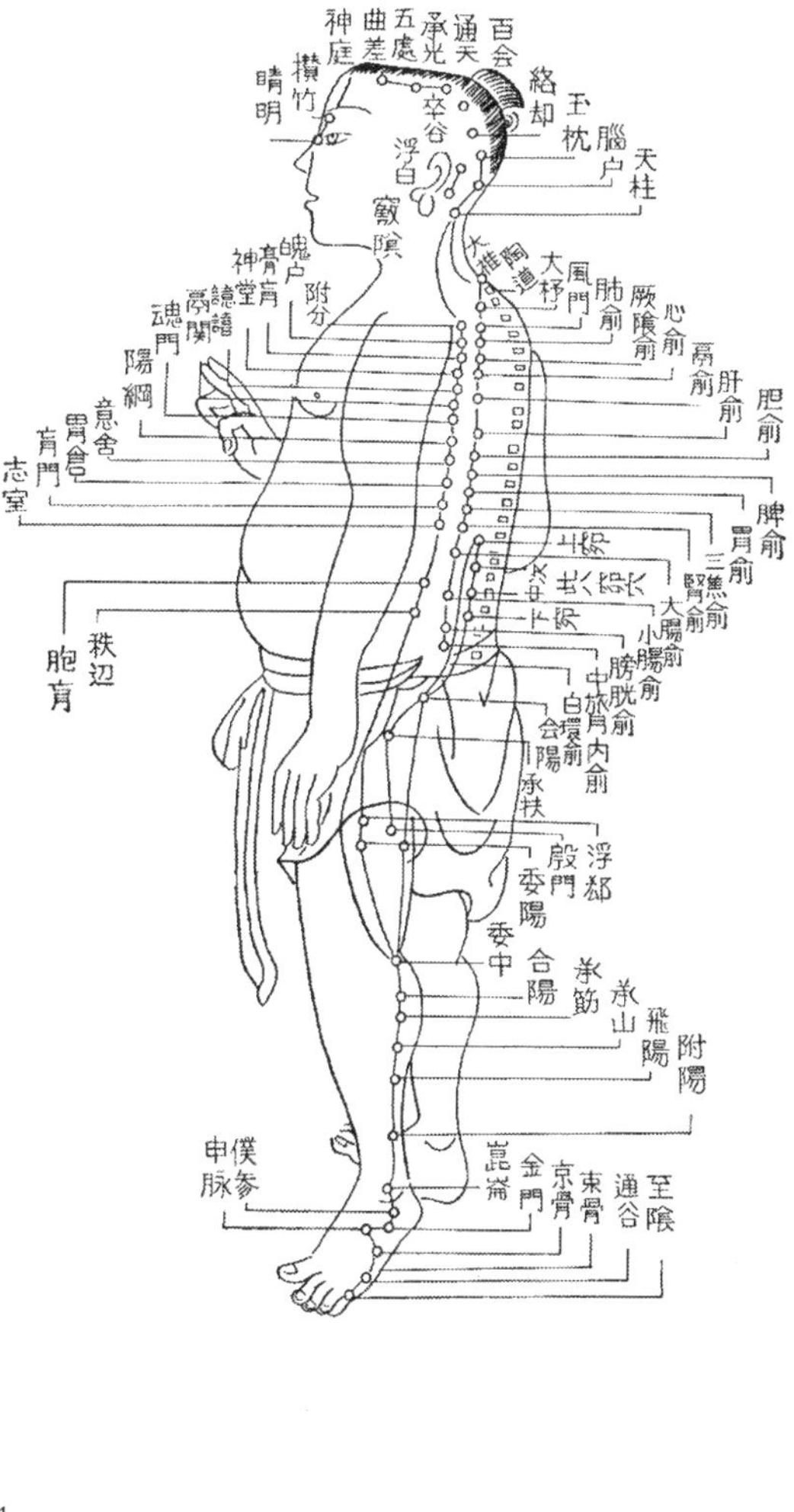

と、それは放水路のような補助的な働きのあるルートで、正経を補助して全体のバランスを取る働きがある。任脈・督脈は、その代表的な奇経である（『東洋医学概説』一九二〜一九四頁）。

　さらに、任脈が身体の正中線上を前面を上から下へと流れて、督脈は背中を下から上へと流れており、さきの腎経・膀胱経はその奇経に沿って両脇を流れているが、任脈・督脈も腎経・膀胱経もともに舌根のところで途絶えている。そのため、内気のこの流れを円滑に流注させるためには、舌根を上顎につけることによって、これらの経絡を流れる気エネルギーの流注を実現していると理解できる。

○沈の相と浮の相の意味

　意識が沈んでいるとき（沈の相）には、「まさに念を鼻端に係け、心をして縁のなかに住在して分散の意なからしむべし」といい、意識が散漫になっているとき（浮の相）には「よろしく心を下に向けて安んじ、縁を臍のなかに係け、諸の乱念を制すべし」といい（『天台小止観』七七頁）、そこに意識集中するだけで心が静まり安定するというが、それはなぜか。

　気の生理学では、さきにみたように人間の身体を三つの部分「上焦、中焦、下焦」の「三焦」に分けている。また、この三焦の焦は「こげる」という熱の意味から、三つのエネルギーの活動する場所、三つの気エネルギー（三気）の活動の場を示している（前掲『東洋医学概説』一七三頁)。そして、この三気の状態を陰陽関係からみると、上焦・中焦は陽気(虚)であり、下焦は陰気(実)に相当し、身体における気のバランス関係は、下実上虚(気のバランスが下が重く上が軽い)となって安定することになる。

また、道教で気を全身にめぐらせる行気という方法には、「服気」「守一」「用気」「練気」などによって大気中の気エネルギー(外気)を体内に内気として取りこみ、意識を一所に集中することで気を集中させたり、気を動かしたり、気を練ったりする方法が伝えられている。それは気の陰陽関係の本性にもとづいた方法で、呼吸するときの呼気は陽気で上昇し、吸気は陰気で下降するという性質を利用して、気の循環を意識的にコントロールしている(前掲『道教』1、二五七～二七〇頁、アンリ・マスペロ『道教の養生術』アジア文化叢書、せりか書房、一九八七年、六二～九三頁)。

このように、私たちの意識が沈んでいる時(沈の相)や、意識が散漫になっている時(浮の相)には、身体における「下実上虚」という気の陰陽関係が、自然なバランスを崩していることを意味しており、意識が「沈の相」にあるときは「念を鼻端に係け」て集中し、また意識が「浮の相」にあるときには「心を下に向け」て集中し、「守一」「用気」することで、内気の自然な陰陽関係のバランスを取るように指示していると理解できる。

○丹田に気力が充実することの意味

古来、仏教の修行法では、臍下丹田に気力を充実させ、心身がともに安定する「下実上虚」を実現することが重要な鍵となっているが、そのとき修行者の身体は生理学的にどのような状態になっているのだろうか。気の生理学とかね合わせて理解すれば、次のようである。

現在まで行われてきたヨーガや禅瞑想の生理心理学的な研究成果によれば、瞑想状態が誘導されているとき、生理学的に身体は全体として基礎代謝率が低下し、腎臓や肝臓の動脈血流量など内臓系の血流は抑制され減少しているが、大脳血流量だけは増加した、と報告されている(R.K.Wallace, 1971, R.Jevning, 1978)。

この報告は、現代の身体観からすれば、単に瞑想状態が誘導されているときに基礎代謝率が低下し、それにともなって大脳血流量が増加しただけである。しかし、この報告を気の生理学から理解すれば、血液を含む体液系は「気血」という概念で扱われて、さらに気血は気(陰)・血(陽)として陰陽関係があり拮抗しているという。すると「瞑想状態が誘導されたときには内臓血流量が減少し、大脳血流量が増大した」という報告は、さきの「上焦、中焦、下焦」の三焦と三気の状態を陰陽関係からみれば、「上焦、中焦」は陽気(血)、「下焦」は陰気(気)という気の生理と一致する。

つまり、瞑想状態が誘導されているとき気エネルギーの状態は、陰気が下半身に充実して重く、逆に上半身では陽気が充実し軽くなり安定しているということであり、修行法でいう「下実上虚」の安定した状態が実現されているのである。ここに現代の身体観から、気の生理学でいう「下実上虚」の安定した状態が確かめられたといえる。詳細は後述するが、これらはAMIによる実証的な測定によっても、体液系（陰気）と血液系（陽気）が拮抗していることが知られている。

このように、気の生理学に支えられた身体観を前提とすると、これまで理解できなかった修行の作法とその実際に対する一つひとつの理解が可能になると同時に、いままでのように神経生理・生化学にもとづく現代の身体観から行われてきた修行法の生理学的な研究による成果も、気の生理学による理解が可能になるのである。

（**参考文献**○池見酉次郎『心療内科学―心身医学的療法の統合と実践―』医歯薬出版、一九八〇年、同『現代心身医学―総合医学への展開―』、医歯薬出版、一九七二年、○R・M・ガヤシ『ヨーガと心理療法』野田照実・粟生修司訳、誠心書房、一九七九年、○M・A・ウェスト『瞑想の心理学―その基礎と臨床―』春木豊訳、川島書店、一九九一年、○安藤治『瞑想の精神医学―トランスパーソナル精神医学序説―』春秋社、新装版二〇〇三年）

第五章　気の生理学の電気生理学的なアプローチ

さきに『天台小止観』の生理学的な考察のなかで、第八章「魔事を覚知せよ」と第九章「病患を治す」をともに特殊事項として扱ったのは行動科学的な解説ができなかったからであり、ここに現代諸学の理性的な知のあり方の限界がみえるといった。その理由は、現代の私たちが常識的に理解している身体観、つまり現代医学の神経生理・生化学にもとづく身体観と、『天台小止観』などの文献が撰述された時代の医学概念にもとづく身体観とは大きな相違があると考えられたからであった。

そのため、『摩訶止観』『天台小止観』などを中心に考察した結果、天台大師の身体観は、「陰陽五行説に支えられた気の生理学の身体観」と、「インド仏教から継承した四大論に支えられた身体観」の二つが折衷されているが、それはあくまで中国伝統の『黄帝内経』などを中心とした身体観、陰陽五行説の気の生理学に支えられた身体観を前提として、そのうえにインド仏教より継承した四大論に支えられた身体観が折衷されていることがわかった。また、それは折衷されてはいるが、基本的には気の生理学に支えられた身体観が色濃くみられ、生命現象をはじめ自然界や人間界のあらゆる現象を離合集散して見ようとする気の生理学といえるものであった。まさに、私たち人間を「心―気―身体」という機能的構造によって把握し、気の生理学を媒介として心と身体の関係を理解していることもわかった。

そして、このような身体観に立って、現代諸学の理性的な知のあり方からは理解できなかった特殊事項について解説した結果、いままで知識的に理解し解釈され、観念化されて身体性を失った仏教用語に、気の生理学から身体性が付加されたので、修行法の作法とその実際の意義が、感性的な知のあり方によって理解できたはずである。しかし、天台大師の陰陽五行説にもとづく身体観は、現代の諸学から眺めれば、自然哲学としての感性的な知のあり方そのものであり、理性的な知のあり方を信奉する現代人にとっては、あくまでも自然哲学は形而上学そのもので、実際にはそこに身体性が取りもどせたとは言い難いのである。

くり返すが、現代の医学は神経生理・生化学にもとづく身体観に立っており、形而下学(physical sciences)として実証的であるため、医学用語と私たちの身体性は必ず対応している。また、天台大師の身体観も、その時代の感性的な知のあり方からすれば、その時代の医学は師資相承の形で学ばれていたため、医学用語と身体性とは必ず対応していたはずである。しかし、その師資相承という体験的な学び、感性的な知のあり方をもたない現代人にとって、それは形而上学（metaphysics）として観念化されて、そこではすでに身体性が失われているのである。

そのためこの章では、天台大師の陰陽五行説に支えられた身体観を理性の文化からの理解を試みた。自然哲学として古典的に解説されてきた気の生理学を経絡内の気の流れとして皮膚の電気生理学的な実験によって評価し、いままで感性的な知のあり方によって経験的に解説されてきた気を電気的な数値として、現代の理性的な知のあり方から解説してみよう。

1　電気生理学的なアプローチの方法論

現代の諸学で支持されている気エネルギーを測定する皮膚の電気生理学的実験には二つある。

その一つは、ＡＭＩという経絡―臓器測定機器による実験である。このＡＭＩという経絡―臓器測定機器は、直流三ボルト（DC.3V）の電流を漢方医学でいう経絡中の気エネルギーの状態をよく反映するという井穴部（指の爪先部）の皮膚表面に、二〇〇分の一秒間（1/200 sec）通電させたときの生体反応を評価する方法である。その生体反応のなかで、まず通電直後の外部電圧に抗して皮膚と電極の間に分極（polarization）を生ずる以前の電流値ＢＰ（Before Polarization）

は、経絡機能としての気エネルギーを反映する。さらに通電後ある時間を経て分極が起きた後の電流ＡＰ（After Polarization）は、自律神経系機能を反映するという。また、分極現象に関与したイオンの電荷の総量ＩＱ（Integrated Polarization charge）と、分極現象の速さを示すパラメーターＴＣ（Time Constant）は、生体の防衛反応を反映しているというものである。そして、この本山学説に立脚した電気生理学的なパラメーターを、漢方医学（中医学）の診療基準である『黄帝内経』などにみられる陰陽五行説に支えられた経絡上の気エネルギー量として、電気的な数値によって客観的に評価するのである。

ごく簡単にいえば、人の身体は生体防衛反応として、外部からの刺激から身体を守る反応をする。この場合、外部から直流三ボルトの電流を皮膚の表面に二〇〇分の一秒間だけ通電させたとき、生体はこの通電された三ボルトにみあった電気量で防衛しようとする。その防衛のための電気的な反応を、気エネルギー量として捉えているのである。また、気エネルギー量として捉えられている電気的な防衛反応は、その生体の体液などの質量や循環のバランスによって異なっている。

もう一つは、真皮結合識内の誘発電位を測定する方法である。また、気エネルギーは生体の真皮組織内を流れる体液とともに評価され、それは気血と呼ばれている。そして、このような気エネルギーが流れるルートを経絡（経脈・絡脈）というが、生体は真皮結合識内の体液循環のために、誘発電位をもって皮膚の表面に電気的な勾配を作っている。

生体は末梢の毛細血管から漏出した血漿成分（酸素や栄養分を含んだイオン水）を体細胞の間に循環させ、イオン交換をさせるため、皮膚の下で誘発電位を起こして、その電位的な勾配によって血漿成分の循環を促している。そして、この電位勾配と漢方医学（中医学）の診療基準である『黄帝内経』などにみられる陰陽五行説に支えられた経絡上の気エネルギーの走向が一致することが指摘され、気エネルギーの実証的な指標の一つとして応用されている。

この電気的な勾配の測定方法としては、経穴上の皮膚表面から真皮結合識内に、シールドした電極針を皮膚内に一ミリメートルほど挿入し、その地点の誘発電位をデジタル・マルチメーターで測定しコンピュータを用いて集計する。

そして、その計測地点の誘発電位を比較して、電気的な勾配を評価すると、古典的な経絡上の気エネルギーの流れと相応し、その電位差（勾配の強さ）を評価することで、気エネルギーの流れ方を測定する。

（**参考文献**）○本山博『経絡―臓器機能測定〈ＡＭＩ Apparatus for measuring the functioning of the Merdians and their corresponing Internal organs〉について―』宗教心理学研究所、一九七四年、同『経

絡の本質と気の流れ』宗教心理学研究所、一九八〇年、同『Ｐｓｉと気の関係』宗教心理学研究所、一九八三年、同『ＡＭＩによる神経と経絡の研究』宗教心理学研究所、一九八八年）

2　気の生理学に皮膚の電気生理学的な実験からアプローチ

ここでは、現代医学の神経生理・生化学にもとづく身体観と、気の生理学の身体観を統合しながら、修行法の作法とその実際を解説しよう。まず、第三章「止観業の実習における生理学的な評価」において、汎用脳波計を用いて行った生理心理学的な実験に加えて、ＡＭＩ（経絡—臓器機能測定器）による気エネルギー量の電気生理学的な測定を試みた。

第三章で行った止観業の実習における生理学的な実験の前後に、同一被験者に対する同一条件でＡＭＩによる気エネルギー量の測定を行った。

まず最初に、止観業の実習によって③「意識の精神的要素への集中」（『天台小止観』第六章「観の作法」）までの技法によって、安定した変成意識状態が誘導される前後のＡＭＩによる測定値の変化を比較した。とくに、気の流れを反映するＢＰ値において測定値の変化を比較した。

○実験ＮＯ・１「実習による変成意識状態の誘導あり」

さきにみたように、天台止観業の実習時の脳波や心拍数などの生理学的な所見では、変成意識状態の誘導が明らかであったが、その変成意識状態が誘導される前後におけるＡＭＩ（経絡―臓器機能測定器）による気エネルギー量の電気生理学的な測定を行い、陰陽五行説に支えられた気の生理学的な変化を評価した。

ＡＭＩによる測定の一回目は実習する前の安静時、二回目は実習後である。そのＡＭＩのデータを比較しながら考察を加えると、行法実習の後では経絡機能を反映するとされるＢＰ値は、手足の経絡（十二経絡）の三陰三陽関係のすべてのパラメーターで増加していることがわかる。

行法前のＢＰ値平均 1730	行法後のＢＰ値平均 2026	前後変化値 296
肺経 2204	肺経 2467	263
大腸経 1531	大腸経 1881	350
胃経 1794	胃経 2028	234
脾経 2092	脾経 2319	227
心経 1423	心経 1878	455

小腸経 1531	小腸経 1901	370
膀胱経 1661	膀胱経 2010	349
腎経 1908	腎経 2068	160
心包経 1421	心包経 1741	320
三焦経 1511	三焦経 1854	343
胆経 1681	胆経 2024	343
肝経 2141	肝経 2467	326
（八兪経 1758）	（八兪経 1964）	206
（隔兪経 1529）	（隔兪経 1836）	307

【安定した変成意識状態が誘導されたときの気エネルギーの変化】

気エネルギー量の平均値で行法の前後を比較すると、実習前では一七三〇＜一七四七（1730<1747）と正常の上限付近であったＢＰ値が、実習後は二〇二六＞一七四七（2026>1747）と正常の上限を大きく上回り、実習前の約一五％ほど増大している。また、自律神経系の機能を反映するＡＰ値においては、実習前では三一・〇＜三二・一（31.0<32.1）と正常の上限付近であったものが、実習後は三二・四＞三二・一（32.4>32.1）と正常の上限をわずかに上回って

AMIの測定によるBP値の変化
変成意識状態誘導ありの前後

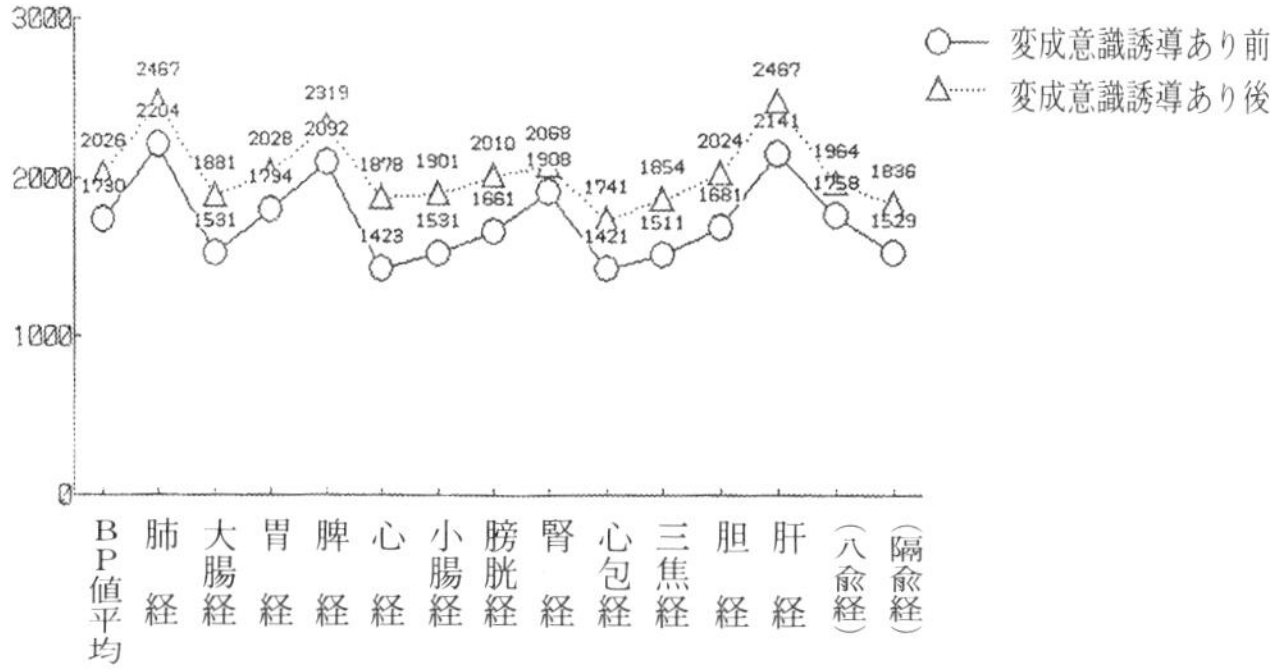

いる。
また、行法実習前の経絡機能（BP値）をみると、虚実では心経マイナス六（-6）、心包経マイナス二（-2）が虚しており、逆転も同じ心経二一七、心包経一八〇に認められる。左右差は胆経では二五二と異常値を示し、小腸経一五七と大きい差をみせており、BP値、AP値ともに右が優位となっている。
実習後は、虚実では大腸経マイナス五（-5）、心経マイナス四（-4）が虚しており、逆転は心経九〇、心包経二二七に認められる。そして、左右差は肺経二四〇、心包経二〇六で増大し、胆経においては減少し、各経絡機能の順位にも大きな変化はないものの、BP値の増大が認められる。
これによって、安定した変成意識状態が誘導されたときの気エネルギー量は増大することが明らかである。

○実験ＮＯ・２「実習による変成意識状態の誘導なし」

実験ＮＯ・１の測定では、行法によって変成意識状態が誘導された前後でＡＭＩの測定を行ったが、次の測定では自律的ＡＳＣの意識状態が誘導されなかった状態の前後でＡＭＩの測定を行ったデータを比較しながら考察を加えた。行法実習の前後で経絡機能を反映するとされるＢＰ値は、手足の経絡（十二経絡）の三陰三陽関係のすべてのパラメーターは、とくに大きな変化はみられなかった。

	行法前のＢＰ値平均 1705	行法後のＢＰ値平均 1708	前後変化値 3
肺経	1937	2035	98
大腸経	1456	1512	56
胃経	1635	1863	228
脾経	1972	1860	-112
心経	1519	1512	-7
小腸経	1477	1470	-7
膀胱経	1972	1881	-91
腎経	1635	1825	190

心包経 1537	心包経 1561	24
三焦経 1516	三焦経 1428	-88
胆経 1926	胆経 1990	64
肝経 2077	肝経 2155	78
（八兪経 1807）	（八兪経 1807）	0
（隔兪経 1463）	（隔兪経 1428）	-35

【変成意識状態が誘導されなかったときの気エネルギーの変化】

気エネルギー量の平均値で行法の前後を比較すると、ＢＰ値は一七〇五＞一七〇二（1705>1702）とほとんど変化せず、ＡＰは値三一・一＞二五・五（31.1>25.5）と少々減少がみられるものの、問題となるほどの変化は認められなかった。

これによって、安定した自律的ＡＳＣの意識状態が誘導されなければ、気エネルギー量は増大しないことが明らかである。

○修行法を現代の身体観と気の生理学の身体観を統合して解説

ここで、以上の結果を統合して修行法の作法とその実際を解説すれば、修行法によって変成

AMIの測定によるBP値の変化
変成意識状態誘導なしの前後

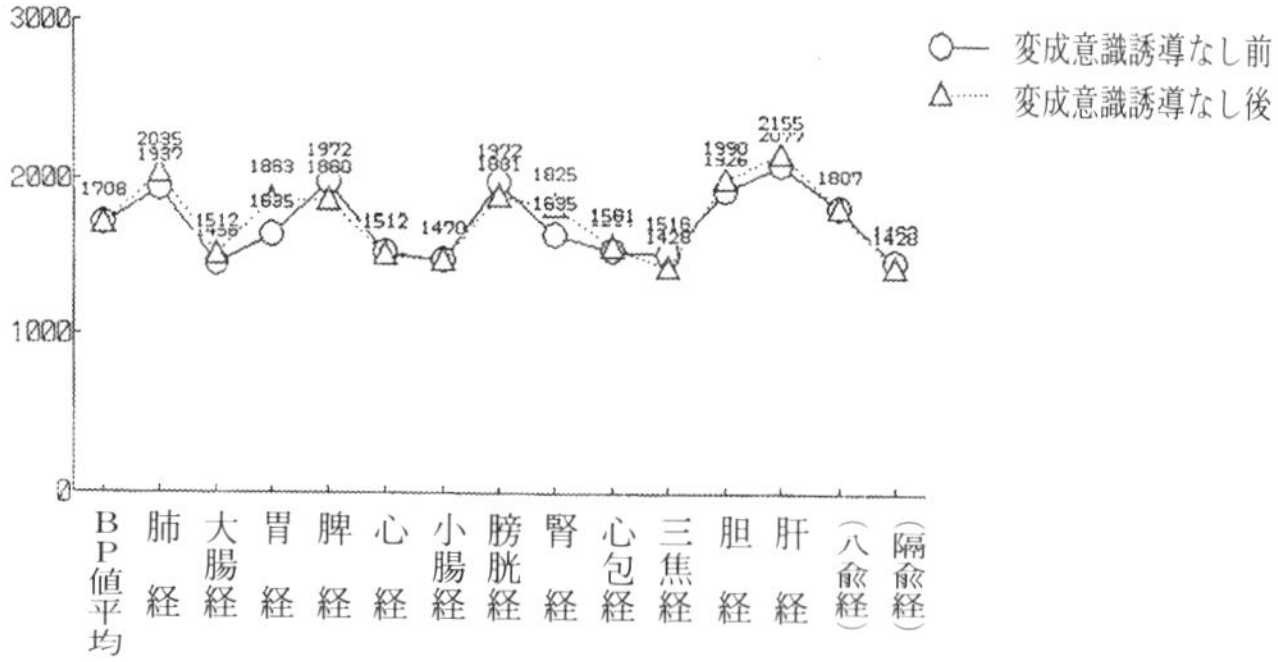

意識状態が誘導されると、ＡＭＩによって測定される経絡機能、気エネルギーの状態は充実し、生体がエネルギー補充的方向に働いていることがわかる。また、行法によって行われる呼吸法によって、古典的な意味で気をめぐらせる行気法の「意守」「一守」などで、意識を一箇所に集中することで気を動かし、陰陽の本性から呼吸するときの呼気は陽気で上昇し、吸気は陰気で下降するなどの性質を利用して気の動きをコントロールするように、気を意識した呼吸によって身体全体の気の循環が促進され、さらに身体の高次元のエネルギーセンター（チャクラやそれに相応する経絡系）が刺激されて全体の気エネルギー量が増大し、それによってＢＰ値が増大していることがわかる（本山博『宗教経験と催眠現象』、『超意識への飛躍』宗教心理出版）。

また、生理学的な意味では自律的ＡＳＣが誘導されることで、新皮質への交感性（ergotropic エネルギー消費的）の賦活が減少し、エネルギー消費帯（ergotropic zone）の活動が抑制され、エネルギー補充帯（trophotropic zone）に関わる皮質下（脳幹）の副交感性（trophotropic エネルギー補充的）の反応が活発化しているために、末梢の血流量が増大し、循環状態が改善されフリーラジカルなどの反応性物質も減少し、それによって間質の分極や間質液の動態やバランスが改善されるので気エネルギー量が増大するといえる。

○自按摩の法（yoga-āsana）の実習について

また『天台小止観』では、第一章から第五章の所作（①「訓練を始めるために、心身をリラックスさせる」）によって、修行法を実習するうえで手足の凝りを取り除き、心身を調適させることが強調されている。その意義を確認するために、ＡＭＩの測定によって経絡機能、気エネルギーの状態から考察を行った。

まず、まったくの未経験者に「自按摩の法」として簡易体操（この体操は１にターダ・アーサナ〈tāda-āsana〉系として上に伸びる、２にパシュチモッターナ・アーサナ〈paścimottāna-āsana〉系として前屈する、３にチャクラ・アーサナ〈cakra-āsana〉系として左右に曲げる、４にマッツェーンドラ・アーサナ〈matsyendra-āsana〉系として左右にねじる、の四種で構成されている）を実習させた。とくに本人が

1　ターダ・アーサナ系

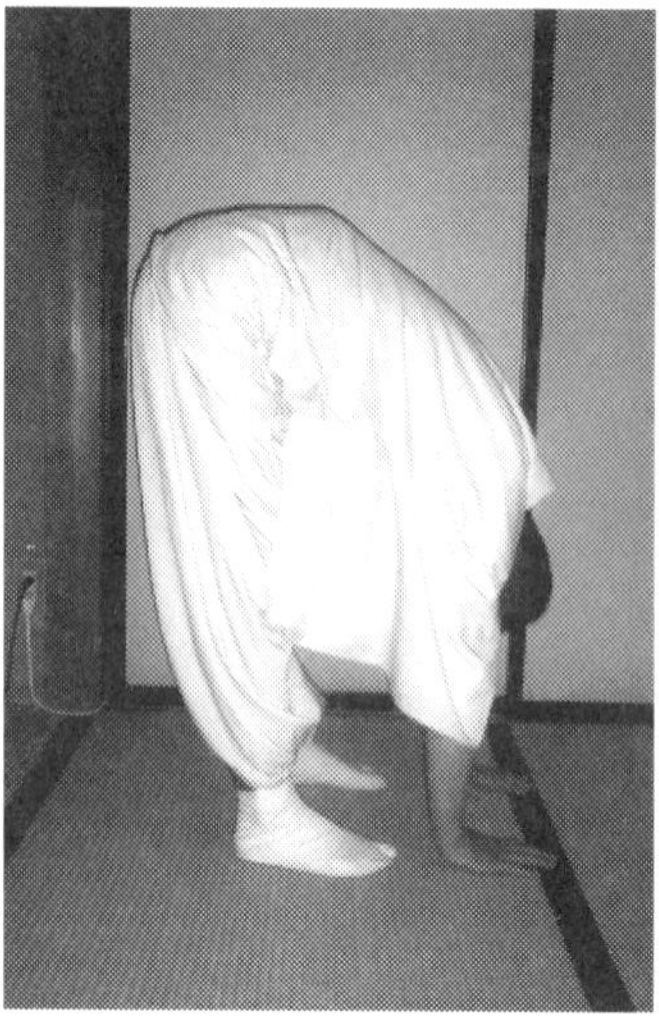

2　パシュチモッターナ・アーサナ系

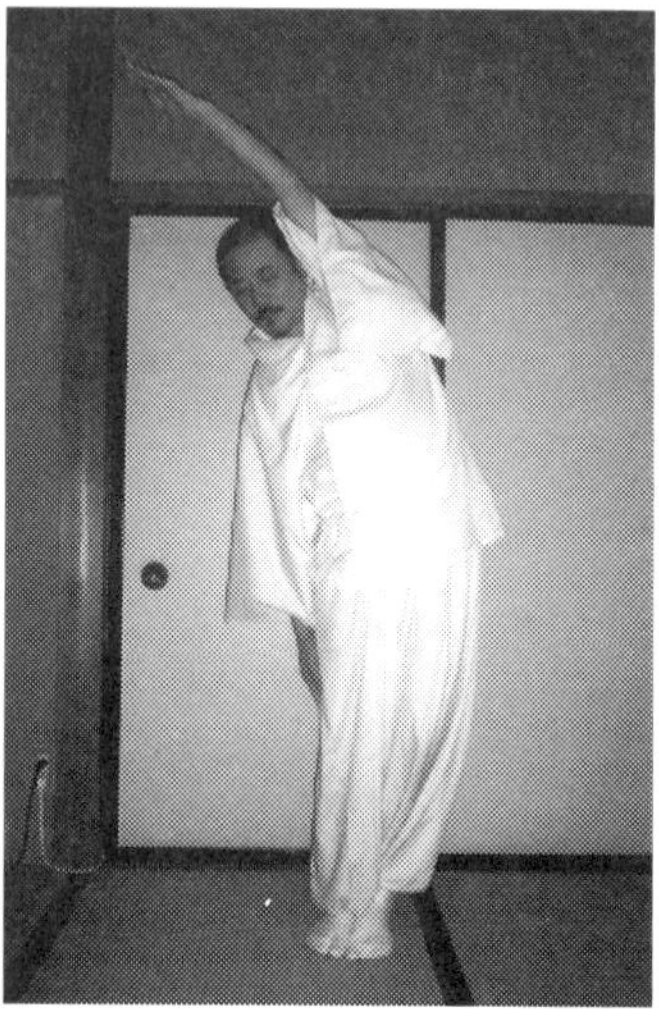

3　チャクラ・アーサナ系

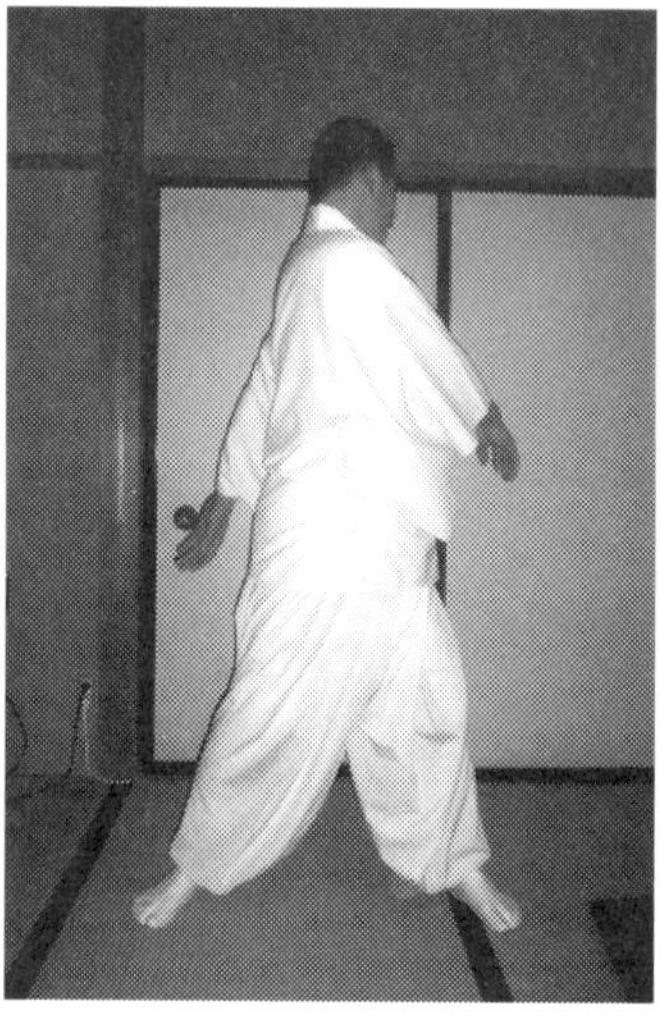

4　マツェーンドラ・アーサナ系

不整脈や胸痛などを訴えていたので、心経、心包、三焦経を矯正する肩を落とし両腕を延ばし心経、心包、三焦経の経筋（橈側手根屈筋、総指伸筋など）を刺激する体操を加えて行った。その直後に一回目のＡＭＩで経絡機能、気エネルギー量の測定を行った。つづいて、実習直後のＡＭＩ測定後に一時間ほどの休息を行い、二回目の測定を実施した。

実習後のＢＰ値平均 1763	休息後のＢＰ値平均 1416	その変化値 347
肺経 2228	肺経 1548	98
大腸経 1667	大腸経 1319	680
胃経 1813	胃経 1440	373
脾経 1758	脾経 1690	68
心経 1832	心経 1334	498
小腸経 1762	小腸経 1228	534
膀胱経 1381	膀胱経 1216	165
腎経 1853	腎経 1656	197
心包経 1576	心包経 1142	434

三焦経	1744	1228	516
胆経	1762	1511	251
肝経	1835	1643	192
（八兪経	1548）	（八兪経 1470）	78
（隔兪経	1900）	（隔兪経 1314）	586

【自按摩の法で気エネルギーはどう変化したか】

この「自按摩の法」の実習によって、まず全体としてＢＰ値は一七三六（1763）と正常の上限を大きく超えて、とくに上下バランスは上半身に偏る傾向が認められている。そして、一時間ほどの休息の後に二回目の測定を実施したところ、ＢＰ値は一四一六（1416）と正常の範囲に収まり、上下バランスも正常の範囲へと戻っていることが認められる。

これによって、天台大師が「自按摩の法のごとくにして、手足を差異せしむることなかれ」（『天台小止観』七三頁）と指示し、「天竺按摩」と呼ばれる「婆羅門法」や「老子按摩法」は、止観を実践するに先立って身体の気血の循環を促すために、肩や股間の関節を動かす方法であり、身体の各経絡の井穴・原穴を適度に刺激し、各関節を通過する経絡を流れる気エネルギーの循環をよくすることによって、各経絡が支配する六臓六腑の臓器機能を正常に保ち身体を健康状

AMIの測定によるBP値の変化
自按摩(yogāsana)による変化

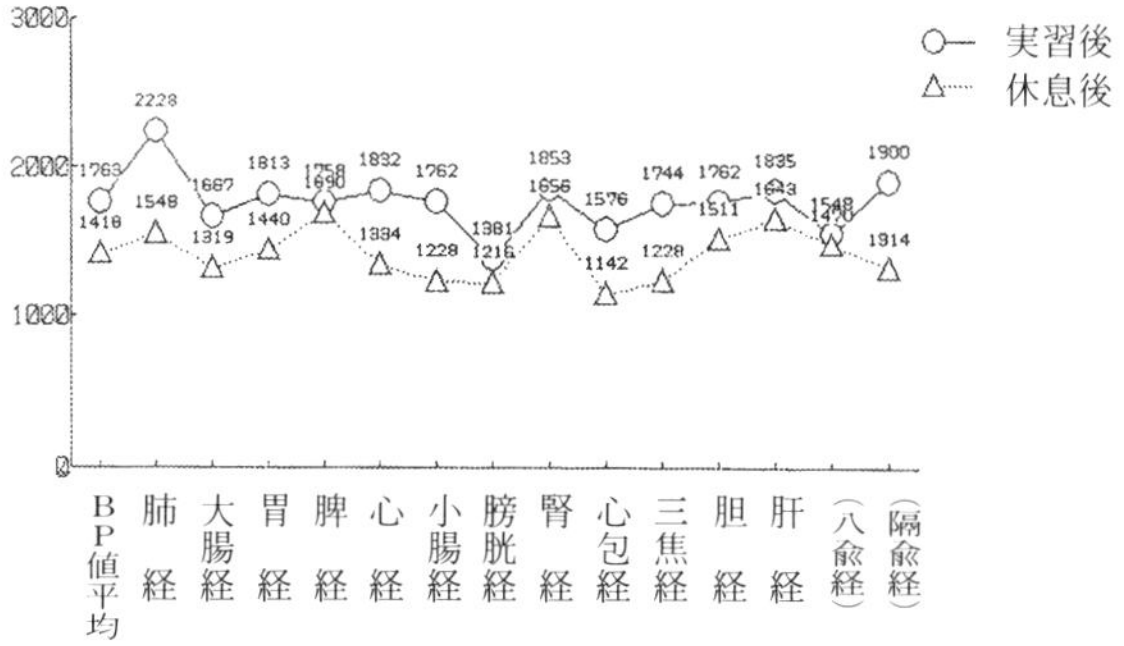

態へと導き、修行法の実践に適する身体状況の実現をめざすものであることがわかる。

エピローグ

これまで仏教を理解しようとすれば、それは当然のように仏教のもつ思想信条を仏教学の知見に照らし、哲学的な思惟によって行われるだけであった。現代における仏教学の趨勢は、純粋理性による哲学的な思惟がその中心的な課題で、まさに理性の文化そのものであり、その思惟の対象となるのは観念的な意識の内容だけであった。そのような理性の文化に支えられた仏教学は、仏教の観念的な思想信条を明らかにすることはできるとしても、仏教の根幹をなす機能的な側面（悟り）を理解するには、はなはだ不都合といわざるをえない。なぜなら、悟りとは「からだ」を通じた身体技法の修練「おこない」によって誘導された三昧状態による体験であって、無分別の状態を獲得した結果だからである。

この意味では、現代仏教学は身体性を喪失した理性的な文化の産物であるため、釈尊の悟りばかりではなく、その悟りにつながる三昧の状態に誘導する「おこない」としての修行法の作法とその実際までも、適正に理解するすべを探しあぐねているのである。それはまさに哲学的な思惟に具体的な身体性がともなっておらず、仏教用語に身体性が即していないからである。

　ここに哲学的な思惟と身体性、仏教用語と身体性を対応させるために、ヒトの全人的なあり方としての身体的、精神的な営みを同時に理解する方法を探求するゆえんがある。幸い現代の諸学には精神的、身体的な営みを同時に理解する生理心理学などの行動科学的な方法があった。もうすでに仏教を理解する方法は、仏教学という観念的な哲学的な思惟ばかりではなく、行動科学的な研究方法や、それに加えて古典的な身体観などを含めた文化史的な研究方法を応用する道が拓かれているように思う。これまでながながと論じてきたのは、まさにこの仏教のもつ観念的な思想性と、その思想性を支える身体性が同時に理解できる道、すなわち感性の文化である仏教を理性の文化を基軸にして理解するためである。

　ところで、さきに現代人が仏教などの感性の文化を理解できなくなった理由について、明治時代になって欧米の大学を範として帝国大学令などが施行されたために、知のあり方が大きく変化したことを指摘した。もともと仏教の学問所は檀林と呼ばれ、そこでは自宗の教義や経典を学ぶ宗乗と他宗のそれを学ぶ余乗が義務づけられ、その一方で僧堂における着衣喫飯の修養生活が行われていたために、そこでは学んだ観念的な知識に身体性が付加されて宗教的な情操が育ったのである。

　しかし、明治十九年（一八八六）に帝国大学令が交付され、東京帝国大学をかわきりに各帝国大学が設立されると、仏教の学問所は衰退の一途をたどり、それまで蓄積された宗乗や余乗などの古典的な知識は大学教育へと移譲されることになる。そして、その大学における知のあり方のもとでは、それまでの学問所のあり方とは異なり、知識的な教育と僧堂生活が分離されているために知のあり方が変化し宗教的な情操が育たなくなってしまったことが指摘できる。これは、仏教者が仏教を適正に理解する力を養うことができなくなったということである。

さて、このような知のあり方の変化は、大学における学問的な問題ばかりではなく、現代の仏教教団のあり方とも大きく重なっている。現代の各仏教教団における自宗の僧侶養成（法器養成）は、伝統的な法式作法に則って実習されているといっても、その大きな比重は宗門大学で所定の単位を取得することに重きが置かれている。そこで行われている僧侶養成は、自宗の宗旨（宗門の教義）を仏教学と同様に思想信条として理解させることに注がれているため、やはり宗教的な情操が育たないのである。

さきにオウム真理教の問題や、また戦後になって新興宗教が爆発的にその教線を拡大したことに触れたが、それも現代の仏教教団のそのような僧侶養成のあり方によって、現代仏教を担うべき僧侶に感性の文化である宗教的な情操が育っていないことに起因するのである。少し辛辣な言い方をすれば、現代の仏教教団の僧侶が、その宗旨を思想信条として理解しようとする問題性に気づかないがために、現代の各仏教教団は布教教化という自分自身の目的について恐ろしいほど無知になっており、また自分では布教教化であると認識している「おこない」が、社会的には営業行為と見なされていることにすら気づいていないのである。

これから仏教という宗教の社会性という側面から現代の仏教教団を分析し、さきの「知のあり方の変化」が、大学における学問的な問題ばかりではなく、仏教教団の社会的な問題の全般に影響していることを指摘しよう。

○新興宗教の繁栄から見えるもの

仏教教団における布教教化の目的は、その活動によって「抜苦与楽」を実現すること、生老病死の四苦の解決にあることは、およそ異論ないところだろう。そして、この活動のキーワードは「社会における宗教のニーズ」に応えられるか否かにある。

ところが、現代の仏教教団を一瞥しただけでも、この「社会における宗教のニーズ」に気づいていないことは誰の目にも明らかであるのに、そのことに本人たちが気づけないのだから、現代の仏教教団は危機的な状況なのである。

当然のことだが、布教教化はヒトとヒトの間で成立するもので、人間関係そのものである。相手の立場を尊重して話を十分に聞くなど、相手との意思の疎通が取れてこそ、その関係は成立するのである。もしかすると、その意味では僧侶と檀信徒との布教教化の関係は成立していないのかもしれない。このことは、おいおい明らかになる。

プロローグで文化庁統計から指摘したように、計算上では一人の日本人がおよそ一・六九の宗教団体に入信しているといったが、ここでは全宗教団体の信徒数総数二億一四〇〇万人の内訳を挙げながら分析してゆこう。まず神道系（神社本庁、教派神道系など）の信徒数は一億七五六万人と膨大である。

また全宗教団体のうち仏教系は、伝統教団の詳細だが宗派は戦前から一三宗五六派といわれ、戦後は一三宗一五七派となっている。宗派ごとの信者の数などは次のとおりとなっており、日蓮系、浄土系、禅宗系、密教系の七宗が主体である（その他は法相、華厳、律、融通念仏、時宗、黄檗の六宗）。

日蓮宗系　五七八万人　（日蓮聖人　建長五年〈一二五三〉）
（日蓮宗、法華宗、本門法華宗、日蓮正宗など）
浄土真宗　一二八三万人　（親鸞聖人　弘長二年〈一二六二〉）
真言宗　一二三九万人　（弘法大師空海　弘仁七年〈八一六〉）
浄土宗　六四七万人　（法然房源空　承安五年〈一一七五〉）
天台宗　三五四万人　（伝教大師最澄　延暦二十五年〈八〇六〉）
臨済宗　一五七万人　（栄西禅師　仁安三年〈一一六八〉）

曹洞宗　　一五二万人　　（道元禅師　建長五年〈一二五三〉）

その他　　一二五万人

この一三宗の合計は四五三五万人である。ここに仏教公伝の欽明天皇七年（五三八）より数えておよそ一五〇〇年におよぶ日本仏教の現状がある。このうえに新興宗教の現状がハッキリすれば、その全体がみえてくる。およそ日本の仏教系宗教団体の信徒総数が九三九八万人というから、さきの伝統教団の一三宗四五三五万人を差し引けば、仏教系の新興宗教の信徒数は五〇一五万人ということになる。大所では立正佼成会が四九五万人、霊友会諸派が四四〇万人などである。これに諸教（神道系、仏教系などそのいずれにも特定されないもの）が一〇一二万人、さらにキリスト教系が二一五万人となる。

この数字をパーセントでみれば、神道系は五〇・三％、仏教系伝統教団は二〇・四％、仏教系新興宗教は二三・四％、諸教は四・七％、キリスト教系は一％となる。ここに日本の宗教事情の全体がみえる。こんな言い方で失礼だが、神道系の五〇・三％というのは、戦前の国家統制で神社神道として強制的に組織化されたものが戦後に解体されたため、神道系の信徒数は戦前を引きずっており、まったくあてにならない。ちなみに、文化庁統計で宗教団体の信徒総数では二億一四〇〇万人となっているが、神道系が届け出た一億七五六万人を引くと、一億三〇九六万人とほぼ総人口に近くなる。また仏教系伝統教団の二〇・四%は、葬儀法要を執行する檀家数とみれば無理がない。諸教の四・七%、キリスト教系の一%などは、まあその程度かと納得できる。

ここで少し興味深い事実を挙げれば、この文化庁統計には創価学会の公称一〇〇〇万人がカウントされていないので、さきの新興宗教の信徒数は六〇〇〇万人を超えることになる。これはあくまでも字面であるが伝統教団の四五三五万人を檀徒数とみて、新興宗教の六〇〇〇万人を兼ねあわせてみれば、日本のほとんどの人たちが、伝統教団の檀家と新興宗教の二足のわらじを履いていることがわかる。神道系までも一緒にすれば三足のわらじである。

さて、これまでで何がいいたいかというと、新興宗教の六〇〇〇万人の数字が納得できるか否かということではなく、新興宗教は戦後のわずか六〇年の間に、一五〇〇年に及ぶ仏教史上に新たなる牙城を打ち立てたという事実についてである。そして、このような多数の信徒によって新興宗教教団の経済基盤が支えられ維持されてきたことである。いつの時代でも組織は経済性によって運営されているのであって、何によって経済基盤が支えられているかを知れば、その組織の問題が見えてくるのである。

ここで新興宗教の内情を見てみよう。とくに社会的にいろいろと取り沙汰されていながら、それでも組織を拡大している新興宗教教団の現状はどうなっているのか、オウム真理教を筆頭に、富士大石寺「顕正会」、創価学会を挙げよう。

オウム真理教の場合は、解散後その名称を「アレフ」、さらに「アーレフ」と改めながら宗教活動を継続しており、解散後一〇年を待たずに出家信者一〇〇〇人をすでに回復し、資産は五〇億円とも六〇億円とも推定される。

また富士大石寺「顕正会」の場合は、平成十四年の立教開宗七五〇年には会員一〇〇万人を達成し、国会議事堂前を三〇万信徒で埋めつくして国家諫暁すると息巻き、実際に一〇〇万信徒の達成記念式典を開催している。現実には息巻いたほどの国家諫暁は行われなかったが、それでもおよそ八五万人信徒を達成している。そして、その年度の収益事業は何と年商六五億円の収入で、その大半は寺院へと送付された例の『国家諫暁書』からの収益だという。

さらに創価学会の場合は、週刊誌上で何かと話題になる池田名誉会長だが、SGI（国際創価学会）をかかえてその権勢は安泰である。会員総数について公称八二一万世帯で、一七〇〇万人ともいうが、実際には三五〇万世帯で四〇〇万人程度だという（NHK出口調査）。しかし、平成十三年の参院選では一〇〇〇万票までは延びなかったが八六二万票を集め、平成十七年の衆院選でも小泉政権圧勝の陰の立て役者は公明党であり、政権与党のキーパーソンとして自民党の政権基盤を支えている。また会員の寄付行為では、年間四〇〇〇億円以上の収入、総資産一〇兆円ともいい、収益事業では顕正会どころではなく年商一八一億円と、イトーヨーカ堂やKDDIと肩を並べる大企業でもある（『週刊ダイアモンド』第九二巻三一号、ダイアモンド社、二〇〇四・八・七）。さきに挙げたように、創価学会は相当数の会員を抱えながら『宗教年鑑』に宗教団体としての記載がなく、まさに創価学会恐るべしの状況が見えるのである。

いまあえて社会的に何かと取り沙汰されている三つの教団を挙げたのは、「社会における宗教のニーズ」に応えているから、これらの組織があることに気づいてほしかったからである。それこそ創価学会にいたっては、戦後間もなくの折伏大行進と小樽問答以降、創価学会と日蓮正宗の対立、昭和四十五年と五十五年の日本共産党委員長・宮本顕治宅の電話盗聴事件、昭和四十四年〜四十五年の藤原弘達『創価学会を斬る』の出版をめぐる言論・出版妨害事件、平成三年には日蓮正宗からSGI（国際創価学会）とともに創価学会は「破門」、内閣法制局で創価学会と公明党との関係が議論の対象となった政教分離問題など、数えあげればきりがないほど社会問題化する材料をかかえている。しかし、現在の創価学会は、平成七年（一九九五）フランス国民会議でセクト（カルト）の報告書が提出されようとも、日本国内では市民権を確立し政権与党の一翼を担う公明党までかかえている存在である。また、社会的に好感度の高い大教団の立正佼成会は五四〇万人、霊友会諸派は四四〇万人という会員数を誇っているが、さきのように伝統仏教教団の檀信徒との二足のわらじを履いているのである。

このような新興宗教の状況を「社会における宗教のニーズ」から分析すると、昭和三十～四十八年（一九五五～七三）の二〇年近くの間、日本経済は成長率が年平均一〇％をこえる高度成長をつづけ、国民総生産（GNP）は、昭和四十三年（一九六八）資本主義国ではアメリカにつぐ第二位の規模に達した社会と連動していることに気づく。この時代に創価学会ばかりではなく、霊友会、立正佼成会などの新興教団が躍進している。日本の高度成長を支えたのは都市へと流入した地方出身の若者たちであり、その若者たちがかかえていた病・貧・争の現実苦をそれらの新興宗教がケア（補償）したのである。言い古されているが、そこにあった宗教のニーズは「病・貧・争のケア」であった。近ごろの新興宗教の研究者は、それは「若者たちのむなしさ」だというが、要はそれら新興宗教が「社会おける宗教のニーズ」に応えたからこそ躍進したことはまちがいないのである。

この事実を仏教の社会性から分析すれば、新興教団は「社会における宗教のニーズ」からの施収入で運営され、伝統教団は「檀信徒の葬儀法要のニーズ」からの施収入で運営されているということである。さきに布教教化の要は「社会における宗教のニーズ」に応えられるか否かであるといったが、新興教団の場合は「社会における宗教のニーズ」に応えることが布教教化であり、伝統教団は「檀信徒の葬儀法要のニーズ」に応えることが布教教化であるということになる。

実は、このあたりの認識の相違が伝統教団が衰退する要因であり、「社会における宗教のニーズ」に気づけない危機的な状況の理由である。認識の相違とは、新興宗教の場合は、布教教化として「病・貧・争のケア」など社会における宗教のニーズに応えられなければ教団は存在しない。しかし、伝統教団の場合は、僧侶は葬儀法要を布教教化の場と捉えそれなりの法話をするが、その葬儀法要に集う檀信徒は故人の供養のために参列するのであって、法話を拝聴するためではないということである。一見すると布教教化は機能しているようであるが、檀信徒は葬儀法要のセットとしての法話を義務的に拝聴しているだけであって、布教教化の関係が成立していないのである。

さきに「僧侶と檀信徒との布教教化の関係が成立していないのかもしれない」といったのは、このことである。なぜなら、布教教化の関係が成立していなくとも、伝統教団は葬儀法要の施収入による運営でやってこられたからである。布教教化の関係が破綻していても、葬儀法要に付随する法話ならば、会葬者たちは葬儀法要のセットとしては拝聴しているために、そこでは布教教化の関係が成立していると錯覚してしまうのである。そして、この布教教化の破綻した関係が継続されてきたために、あたかもその関係が成立しているかのような錯覚によって、僧侶は世間一般の人びとを対峙関係に捉えることが当たり前のようになってしまう。この対峙関係とは「世間一般の人びとと私たち僧侶は違う」という峻別であり、教え説く立場（能化）と聞く立場（所化）というように、一種の立場的な違いとして理解するようになることである。

まさにこの対峙関係が、布教教化では破綻した人間関係になっているということなのである。とくに近年の伝統教団の僧侶は、住職の師父から子息が弟子として寺院を継承することが多いため、必然的に僧侶といっても職能的な階級意識が身につき、どうしても対峙関係となっていても気づけないのである。実に、布教教化の対象である世間一般の人びととの関係が、一方通行となって破綻しているからである。

実際に各伝統教団に目を向ければ一目瞭然で、教団内には布教教化を目的とする布教師会、修法師会、声明師会、社会教導師会などに相応する組織があるが、いずれの組織も「社会における宗教のニーズ」ではなく、教団内の諸行事の要請によって機能している御用団体といえる。そして、その主要メンバーはといえば、どなたも葬儀法要で寺院運営ができる優等寺院（経済的な権威）の住職教師であり、その器の中だけで機能しているにすぎないのである。

次には、僧侶といっても職能的な階級意識が身につき、布教教化では破綻した一方通行の関係になっていても気づけない理由を明らかにしよう。

○寺院社会の司祭階級化

いま現代の仏教教団を「社会における宗教のニーズ」のキーワードから眺め、そこには二つの宗教のあり方が見えた。一つは伝統教団の「檀家の葬儀法要のニーズ」に応えた施収入で運営されている宗教と、もう一つは新興宗教のように「社会における宗教のニーズ」に応えた施収入で運営されている宗教である。そして、この二つの宗教のあり方では、「社会における宗教のニーズ」に応えた新興宗教のほうが繁栄しているという重要な事実が見えた。

ここでこの二つの宗教のあり方の相違を理解するために、現代の寺院社会の司祭階級化と寺院継承者の集団化について明らかにしよう。さきに僧侶といっても職能的な階級意識が身につき、布教教化では破綻した一方通行の関係になっていても気づけない、といった理由がここにある。それは戦後間もなくの宗教法人法の改正によって、それまでの寺院や僧侶のあり方が大きく変化したからである。これは日本の伝統教団の全般に当てはまることであり、戦後の六〇年史を基軸にして眺めると釈然とするはずである。

まず、戦後いち早く包括法人日蓮宗を組織した伝統教団の日蓮宗を例に解説してみよう。江戸時代まで日蓮門下は総称として日蓮法華宗と呼び、天台法華宗と峻別していた。ところが、その日蓮門下は明治維新後の宗教政策（実際には宗教弾圧なのだが）に応える形で、日蓮法華宗の二字をとって宗名とし、日蓮宗と名乗った。そして、事実上この日蓮門下を日蓮宗として統括するなかで、身延山久遠寺、池上本門寺、京都妙顕寺、京都本圀寺、中山法華経寺の間で「五山盟約」(明治五年九月)がなされて、五山をもって大本山に定め、たがいに分立する五山はじめ四十四箇本山の状況を身延中心の共同体制(日蓮宗)へと転換したのである。

ところが、そのような伝統と歴史を護持する共同体制の日蓮宗は、戦前の昭和十五年に発令された悪名高き宗教団体法にそった形で本山と末寺の関係を解消し(本末解消)、宗教法人日蓮宗による行政的な運用へと転換して、あっさりとその歴史と伝統を放棄してしまった。この本末解消が伝統教団としての宗教性を欠如する致命的な罪過となる。さらに昭和二十年に終戦を迎えると、ことはますます深刻で、本末解消によって本山に由来する寺領は分割され各末寺へと帰属していたが、その寺領は昭和二十二年に農林省が発令した農地の所有制度の改革(農地改革)によって解放されてしまった。その結果、それまでまがりなりにも各門流の本山と末寺の歴史と伝統の関係によって存続していた寺院組織は完全に解体してしまったのである。

そのため、現在の宗教法人日蓮宗は、昭和二十六年四月三日に公布された新宗教法人法のもとに、包括法人としての宗教法人日蓮宗を組織して、各都道府県に登記されていた日蓮門下の寺院を日蓮宗として包括し、全国の管轄区域(管区)に宗務所を設置し、その管区内(管内)の寺院・教会・結社を統括し組織したのである。この組織の変化は、それまでの門流本山の由緒や故事来歴による宗門運営から、日蓮宗宗制(日蓮宗宗憲・日蓮宗規則・日蓮宗規定)にもとづく法人運営へと転換されたことを意味する。この日蓮宗宗制にもとづいた宗門運営によって、本山と末寺関係が解体されたそれぞれの寺院は、法人のうえでは同等の立場で独立したのである。しかし、実際には法人のうえで同等の立場であっても、寺領などを失ったために自立した寺院運営が行えず、かなりの寺院が経済的に行きづまり、たとえば本山でも檀家の少ない寺院は疲弊し、末寺であっても檀家の多い寺院は栄え、檀家の少ない寺院はたいへんな状況になったのである。つまり、檀家の多い葬儀法要の需要率の高い寺院が優等寺院へと昇格する変遷をたどった。簡単にいえば、葬儀法要の施収入による寺院運営が可能な寺院が生き残った、またそのような寺院の住職が宗門要路を担うようになったということである。

いま本末解消が伝統教団としての宗教性を欠如する致命的な罪過となるといったが、それは本末解消以降かろうじて存続していた本山と末寺の関係が、戦後の農地解放などの施策によって終焉を迎え、日蓮宗の法人運営は、日蓮宗宗制にもとづく法人運営へと大きく転換されたからである。それまで各門流本山の歴史と伝統にもとづいて行われていた僧侶養成の過程が壊され、行政機関による教育制度がそれに取って代わるようになったのである。

本末解消以前の僧侶養成の過程がどうだったかといえば、発心して僧侶になるには、まず門流本山の貫首様について出家得度し、本山の学問所である檀林で一定期間の修学を経て僧侶となり、貫首様より袈裟（僧階）を賜わり袈裟にみあった末寺へと入寺して、以降はその器量に応じて、素紫の寺、茶金紋の寺、緋金紋の寺、緋紋白の寺、さらには本山の貫首様へと成り上がっていった。ここに僧侶としての宗教性の相続が行われていたのである。いわゆる、これが慧命相続と呼ばれる信仰の相続であった。

妙に聞こえるかもしれないが、戦前の本末関係に支えられた寺院組織には、歴史と伝統という宗教的な権威性があり、また僧侶はある程度本人の器量の範囲で成り上がる余地があり、貫首様より賜わる袈裟（僧階）や寺格にも宗教的な権威性があったのである。ところが、戦後の法人改正によって本山と末寺の循環がストップした瞬間、その成り上がったところの寺院に定住するようになり、それまでの宗教的な権威性は雲散霧消し、ただそれまでの寺格が名聞利養として受け継がれているにすぎないのである。とくに多くの檀家をかかえ葬儀法要の施収入で運営が可能な優等寺院は、法人運営では大会社のようなもので、あたかも同族会社のように子息が寺院の後継者として、師父である住職の跡を継ぐようになるのである。

くり返すが、私はここでその是非について論じているのではない。このような戦後の寺院組織の大きな変化によって、実は伝統教団の由緒や故事来歴などの継承ごとも途絶え、宗教性が壊れてしまったことに気づいてほしいだけである。宗教的な権威性は歴史と伝統のなかに息づいているものであり、それこそ戦前までは、僧侶の読経や回向を聞けばどの門流の檀林で修学したのか、また貫主様の回向を聞いただけで、どこの門流本山であるかわかったのものである。これらが伝統教団の宗教性を支えてきたのである。

以上は日蓮宗を一例に論じたが、これらの経緯は大なり小なり現在のすべての伝統教団にみられる事実である。戦後の寺院運営が葬儀法要の施収入による寺院運営になった大きな変化は、僧侶の考え方や感じ方が、いつも「檀家つながり」のところで行われているということであり、この檀家つながりということは、いままで宗教的な位置づけであった檀家が、寺院の経済を支える「顧客としての檀家」というように、宗教的な位置づけから経済的な位置づけへと変わったことを意味する。そうなれば当然のように、その宗教性は壊れる運命なのである。なぜなら、葬儀法要だけによって経済が支えられることは、仏教教団の目的である布教教化の活動を具体化しなくても寺院運営が可能だからである。

これが僧侶といっても職能的な階級意識が身につき、布教教化では破綻した一方通行の関係になっていても気づけない理由なのである。このような経緯によって、現代の寺院社会の司祭階級化、寺院継承者の集団化が行われ、それによって僧侶という職能的な階級意識が養われ、檀家の葬儀法要のニーズには応えられるものの、世間一般の人びととはどうしても対峙関係となって、布教教化の関係が成立しないのである。それどころか、この司祭階級化によって出家の動機が「僧侶になるために出家する」から「住職になるために出家する」というように大きく歪められ、個人の苦しみを解決するという本来の宗教的な機能の追求ではなくなったのである。危機的な状況とは、まさにこのことなのである。

○家族制度と家の宗教の崩壊

いま僧侶の司祭階級化や寺院継承者の集団化など、その職能的な階級意識という戦後の寺院社会の大きな変化について述べたが、実はこの大きな変化は日本の民主化をはかるアメリカ進駐軍の施策であり、それは基本的人権の尊重を基調とする「日本国憲法」（昭和二〇年十一月三日公布、翌二十二年五月三日実施）によってもたらされたものである。ここでこの戦後六〇年におよぶ日本の民主化によって生じた、大家族の棲み分けと地域社会のつながり、家族のつながりの変化を理解しながら、僧侶の司祭階級化や寺院継承者の集団化によって「檀家つながり」の志向が生み出され、新興宗教のように「社会における宗教のニーズ」に応えられなくなった理由を明らかにしよう。

いうまでもなく、伝統教団は「檀家の葬儀法要のニーズ」に応えた施収入で運営されている宗教であって、新興宗教のように「社会における宗教のニーズ」に応えている宗教ではない。現代の僧侶や寺院はお檀家さんの「家の宗教」を執行するための司祭階級や寺院継承者の集団であって、そのために宗教的な技能教育を受けてきたといえる（ここでは先祖をまつる信仰を仮に「家の宗教」と呼ぶことにする）。

ところで、このような「家の宗教」が機能していた時代へと目を向ければ、戦前の家族制度がしっかり機能していた時代である。その時代は大日本帝国憲法（明治二十二年二月十一日発布）によって、天皇の大権のもとに臣民の権利義務が規定され、長男が家督（戸主の身分に付随するすべての権利義務）を相続することを許されたと同時に、長男はこの家督相続によって先祖代々の家系を家の宗教として相続する義務があった。「家の宗教」を相続することは、「家の宗教」の儀式典礼を執行する檀那寺を相続することでもあった。

そして、この家族制度によって長男が家督を相続することは、そこでは家長の権威性と家屋敷といった経済基盤の相続と同時に、先祖という家系の相続が行われた。とくに家系の相続は家の宗教を執行する檀那寺を檀家として支えることで成立していた。その事実は各教団寺院の過去帳等をくってみれば一目瞭然で、戦前には何軒かの大檀越が寺の経済基盤を支えていたことがわかるはずである。

また、その時代の「家の宗教」を執行する伝統教団の社会的な位置づけは、家族制度上の家督の権威性を補償する形で機能していた。檀那寺は家族制度の中心に位置し、人びとは大家族の棲み分けに支えられ、地域社会のつながりから家族のつながりにいたるまで、およそ現代社会で誰もが経験するような個人の苦しみまでも檀那寺がしっかりと補償し、そこに生きる意味を与えていたのである。まさにそこでは先祖をまつる「家の宗教」が宗教として機能していたのである。

しかし、戦後の六〇年におよぶ歳月によって家族制度は崩壊し、現代社会は「大家族から核家族へ」と、家の単位から個人の単位へ変貌する。とくに昭和二十二年に農林省から発令された農地の所有制度の改革（農地改革）によって寺領が喪失したように、家族制度を支えた経済基盤（田畑山林・家屋敷）が失われると、相続する家が消え、家長の権威性もなくなり、大家族の棲み分け、地域社会のつながり、家族のつながりを支えた先祖をまつる「家の宗教」も消えてしまったのである。

このように、家族のあり方が大家族から核家族へと変化するなかで、核家族という個人によって営まれる家庭では、家族制度の時代そのままに、自分の氏素性としての姓名は継承するが、そこには先祖代々受け継がれてきた家長としての権威性や経済基盤の継承はない。そこにあるものはただ個人の権利と財産であって、すでに「家の宗教」として先祖をまつる信仰心や、檀那寺を檀家として支える力はないのである。これらが昨今社会問題となっている権威性の喪失と地域社会の崩壊の原因なのである。簡単にいえば、家族制度の崩壊によって、それまで先祖代々受け継がれてきた経済基盤も失ったために、もう大家族のつながりを支えた先祖をまつる「家の宗教」の意義も薄れ、それればかりか「家の宗教」を執行する檀那寺を経済的に支えることすらできなくなっている。またそれにともない、僧侶や寺院の宗教的な権威性も失われているのである。

さきに寺院社会の司祭階級化、寺院継承者の集団化によって檀家の葬儀法要のニーズには応えられるものの、世間一般の人びととはどうしても対峙関係なって、布教教化の関係が成立しないといったように、現代の僧侶は檀家にとって「家の宗教」の意義が薄れていること、檀那寺の経済を支える力を失っていること、それにともない僧侶や寺院の宗教的な権威性も失われていることに気づいていないのである。これが「檀家つながり」の志向を生み出し、新興宗教のように「社会における宗教のニーズ」に応えられなくなった原因なのである。

現代仏教を葬式仏教と言ってはばからない僧侶も多いが、僧侶が葬儀を積極的に行うようになったのは、わずか一四〇年ほど前のことで、明治五年六月に太政官が「自葬を禁止し、必ず神官・僧侶に依頼するよう布告」してからである。それ以前はといえば、まさに『楢山節考』の世界そのものであり、死体は「人捨て場」に放置され、化野《あだしの》といって、かぎりなく風葬・鳥葬に近い土葬であったという。江戸時代の農民や町民、武家階級でも下級武士たちは、まさにはかなし墓なしで、地方の村々では村外れの埋葬塚に、町中では寺院の無縁塚などに埋葬され、塔婆の一本でも立て僧侶の読経でも供養されれば上出来だった。その時代の庶民も僧侶も、葬儀法要をそれほど重く受け止めていなかったということである（鈴木理生『江戸の町は骨だらけ』ちくま学芸文庫）。

それが明治維新を迎えて廃仏毀釈の荒波がおこると、それまで幕藩体制を支えていた寺請制度が廃止されて戸籍法が制定され、当時の仏教界を現代風に言えば、明治新政府による民営化のまっ最中で大混乱であった。そこに太政官が「自葬を禁止し、必ず神官・僧侶に依頼するよう」というのだから、まさにその布告は渡りに船であった。なおこれ以降、明治七年には加持祈禱などの呪《まじな》いごとと医療が分離されるなど、僧侶の仕事が制約されたために、僧侶と葬儀の関係はますます密接になっていくのである。葬式坊主の蔑称はこのころの言葉である。僧侶が葬儀法要に依存せざるをえなくなったのは、戦後の施策によるのだが、いまあえて葬式坊主という言葉にふれたのは、僧侶は「檀家の葬儀法要のニーズに応えるもの」という既成通念の誤りに気づいてほしかったからである。

○核家族化と個人の宗教

さて、このように家族制度が崩壊し、「家の宗教」と一緒にそれまでの僧侶や寺院の宗教的な権威性が失われると、その後の社会にはどのような変化が起きたのだろうか。まず「家の宗教」とともに家族制度が崩壊すると、それまで先祖をまつっていた「家の宗教」の宗教としての機能も一緒に失われ、僧侶や寺院には形骸化した葬儀法要のニーズだけが残ることになる。さきに新興宗教は「社会における宗教のニーズ」に応えたからこそ繁栄したといった理由がここにある。

では、それまで「家の宗教」が果たしていた宗教的な機能はどこへいってしまったのだろうか。家族制度に支えられた大家族は、「家の宗教」によって個人の苦しみが補償され、そこに生きる意味を与えられていた。ところが、現代社会は核家族へと大きく変化したために、それまで先祖代々のつながりを補償し生きる意味を与えていた「家の宗教」が、核家族にとってはその宗教的な機能を失っているために、人びとは誰もが経験する個人の苦しみをしっかりと支え、そこに生きる意味を与えてくれるであろう「個人の宗教」を探しはじめたのである。これが戦後になって、「雨後の筍《たけのこ》」のように出現した新興宗教の勃興の要因である。詳しいことは宗教社会学の先生に譲るが、このような「個人の宗教」を求める動きが、現在の新興宗教（新宗教、新新宗教）の流れにつながっているのである。

現代社会は核家族を一つの単位とする個人の集団であり、その意味では現代で頼れるものは基本的人権という個人の権利と、それを主張する個人の力のみである。現代人は「家の宗教」を失った時点で先祖とのつながり、地域社会のつながり、家族のつながりを喪失しているために、個々人が自らの力で、自分の生き方なり、人生観なりを発見しなければならない運命を背負った。家族制度において、僧侶や寺院の宗教的な権威のもとで、「家の宗教」は先祖をまつることで、自分も個人としてではなく一族という氏素性のうえで、自分の生き方や人生観が補償されていた。これを気取っていえば、「家の宗教」のなかに自分史を見いだしていたのである。しかし、この「家の宗教」としての宗教的な機能が家族制度とともに崩壊すると、それまで自分自身を支えていた自分史も消え去ってしまったのである。

ここまでくると、さきに伝統教団が「社会における宗教のニーズ」に気づけない危機的な状況にあるといった理由がわかるはずである。それはいうまでもなく、現代の核家族社会にあって、僧侶や寺院のあり方が、いまだに家族制度の時代そのままの「家の宗教」として、葬儀法要のニーズのみに応えようとしてるからである。歯に衣着せずに言えば、僧侶や寺院が家族制度の時代そのままに、「家の宗教」を引きずった葬儀法要のニーズのみに偏って応えているために、個人の生き方や人生観の探求といった自分史を発見するニーズに応えられないのである。

この「社会における宗教のニーズ」が何を意味するか、新興宗教への入信過程を例にとって具体的に解説しよう。周知のように、一度新興宗教に入信して熱心な布教活動に心酔してしまうと、それ以降は「その宗教は悪い宗教だよ」と、誰がどのように説得しようとも、がんとしてそれに応じようとしない。なぜ、その説得に応じようとしないか。その理由は入信の動機なのである。世間の識者たちは入信の理由を宗教の教義や教学などの是非によって考えているが、その説得に応じない信者は、その宗教組織が自分の生まれ育った家庭より居心地がよい、父親や母親、場合によっては夫や妻といるより、そこが居心地のよい場所と感じているのである。そこに自分史を見いだしているのである。

家族制度が生きていた時代は、大家族のなかにいさえすれば、棲み分けのために多少の不自由さや理不尽さはあるが、それなりにみんな自分の居場所があり安心できた。しかし、現代社会では自分自身の物語を自分自身の力で獲得することが必要である。競争社会で勝ち抜くには、良い学校に入って、良い会社に就職するなど、良い生活をするための能力を身につけなければ、現代ではその存在価値を失ってしまう。およそヒトは、このような勝ち組負け組という二者択一の生き方だけでは生きてゆけないはずである。現代人が無意識裡にいだいている大きな不安感は、この世に生を受けてから、あの世へと旅立つまでの数十年の人生行路が、社会的に際だつことだけに恐々としていることからくると思われる。そこにある人生はただ過ぎ去って行く時間であり、それは誰とも共有できない時間の流れ、真っ暗な闇を航海するようなものである。

この時間の流れにただよう航海に意味を与え、安らぎを与えるものは、自分史という個人の物語を与えてくれる宗教である。両親、伴侶、子どもたち、友人たち、これらはみな人生という時間につけられた意味であり、このような自分史を満足させるものが「個人の宗教」である。これが「社会における宗教のニーズ」なのである。

○伝統教団の布教教化のあり方

さてここまでくると、さきに伝統教団が「社会における宗教のニーズ」に気づけない危機的な状況にあるといった理由がはっきりとしたはずである。それはいうまでもなく、現代の核家族社会にあって、僧侶や寺院のあり方が、いまだに家族制度の時代そのままの「家の宗教」としての葬儀法要のニーズのみに応えようとしてるから、個人の生き方や人生観の探求といった、自分史を発見するという「社会における宗教のニーズ」に応えられないのである。

さらに近年になって、伝統教団のさらなる危機的状況が露呈している。これまでの寺院運営は、寺院社会の司祭階級化や寺院継承者の集団化によって、布教教化の関係が破綻し実際には布教教化が機能していなくとも、実際は葬儀法要のニーズに応える運営でやってこれた。しかし、この布教教化の破綻した関係があまりに長く継続されたために、どうやら頼みの綱である葬儀法要もままならない僧侶像がクローズアップされはじめているのである。それは、伝統教団でこれまで当然のように行われてきた葬儀法要の全般を見直し、新たに葬儀法要を執行するためのマニュアルが作成されていることからうかがい知ることができる。

いままでなんの疑問も持たずに行われていた葬儀法要が、なぜ今になってその全般が見直されなければならないのだろうか。それは先輩諸氏の目線からは、近ごろの若い僧侶たちが「葬儀法要も満足にできない」ように見えているということである。それは葬儀法要の技術論であり、「引導文のあり方」や「通夜説教の理念と実践例」などのマニュアル化、読経・引導・回向も含めた通夜説教の内容までに及んでいる。

この問題の所在は、実は若い僧侶たちの葬儀法要に対する技術的な仕込みの問題ではないのである。さきに布教教化を人間関係として捉えたとき、その関係が一方通行になっているときは、それはすでに破綻した関係になっているといったように、伝統教団レベルで葬儀法要すらままならない状態になっているのも、葬儀法要を依頼するお檀家さんと僧侶との関係が一方通行となって破綻しているからである。僧侶や寺院の活動が、世間の人たちにとって、すでにありがたく映っていないということなのである。

なぜなら、「家の宗教」が家族制度とともに崩壊した段階で、それまでの僧侶や寺院の宗教的な権威性までが失墜してしまったからである。そのために世間の目線では、僧侶も世間一般の私たちと同じだからありがたくない、という感覚になってしまっているのである。それは現代社会が核家族を一つの単位とする個人の集団であり、基本的人権という個人の権利によって成り立っていることから、しかたのないことかもしれない。

この「ありがたくない」という感覚がどこからくるかといえば、僧侶が営む葬儀法要は、実は「死者を弔う」という非日常性の場面であり、現代の司祭階級化した僧侶の意識には、僧侶という職能的な階級意識が養われていても、生活レベルでは世間一般とまったく同じ日常生活をおくっており、世間的な日常性をあたりまえに生きている。そのため死者を弔う葬儀（非日常性）の場面では、世間から見れば「たとえ袈裟衣を着け職能的な階級意識をもっていても〝所詮、僧侶も私たちと同じ〟」という日常性の臭いによって、ありがたいとは感じられなくなっているのである。そして、このような「家の宗教から個の宗教への移行」が、戦後六〇年という歳月をかけて徐々に浸透したために気づけなかったのである。

この意味で葬儀法要が実際に機能するためには、葬儀法要の技術的な向上を云々することではなく、問題は僧侶や寺院の活動がすでに「ありがたくない」のだから、僧侶や寺院の活動がありがたくなることを探求すればよいのである。くり返すが、この危機を脱するためには、まさに伝統教団が「社会における宗教のニーズ」に応えられるように、僧侶という職能的な階級意識から離れて、世間に自分自身がどう映っているかという、自己像への気づきが必要である。この「自己像の自覚」がないかぎり、布教教化を機能させることはできない。

○データからみた伝統教団の危機的な状況

これまでながながと述べてきたが、伝統教団レベルで「布教教化が機能していない理由」を簡単にいえば、現代の核家族社会にあって、伝統教団の布教教化のあり方が、いまだに六〇年以前の戦前の家族制度の時代そのままの「家の宗教」を引きずって、葬儀法要のニーズのみに応えようとしていることが問題なのである。時代はすでに個人の生き方や人生観の探求といった自分史を発見するという「社会における宗教のニーズ」へと移行しているのである。ここで戦後の六〇年に及ぶ歳月を遡りながら、さきの二つの宗教のあり方、形骸化した葬儀法要のニーズに応える「家の宗教」と、世間一般にあって誰もが経験する個人の苦しみをしっかりと支える「個人の宗教」のあり方を総理府統計局の人口の推移と、世帯数の推移などの数字から具体的にみると次頁のようになる。

これが「戦後の総人口と世帯数の推移を見る」の数字とグラフである。これは一九四〇年(昭和十五年)から二〇〇〇年(平成十二年)までの総人口と、総世帯数と一人世帯数の推移を表している。戦後の日本の総人口は、一九四五年から一九六五年までの二〇年間で約七二〇〇万人から約九九〇〇万人へと急増するが、その後二〇〇〇年までは約一億二七〇〇万人とゆるやかな増加で、統計的に日本の人口は二〇〇六年ごろからは確実に減少するという。ところが、世帯数の推移はといえば、一九四五年から一九六五年までが約一四〇〇万世帯から約二四〇〇万世帯へと比較的にゆるやかで、それから二〇〇〇年までは約四七〇〇万世帯と、ほぼ一・八倍に急増している。それも一人世帯数は約四八〇〇万世帯から一二九〇万世帯と、ほぼ二・四倍に急増している。

戦後の総人口と世帯数の推移を見る

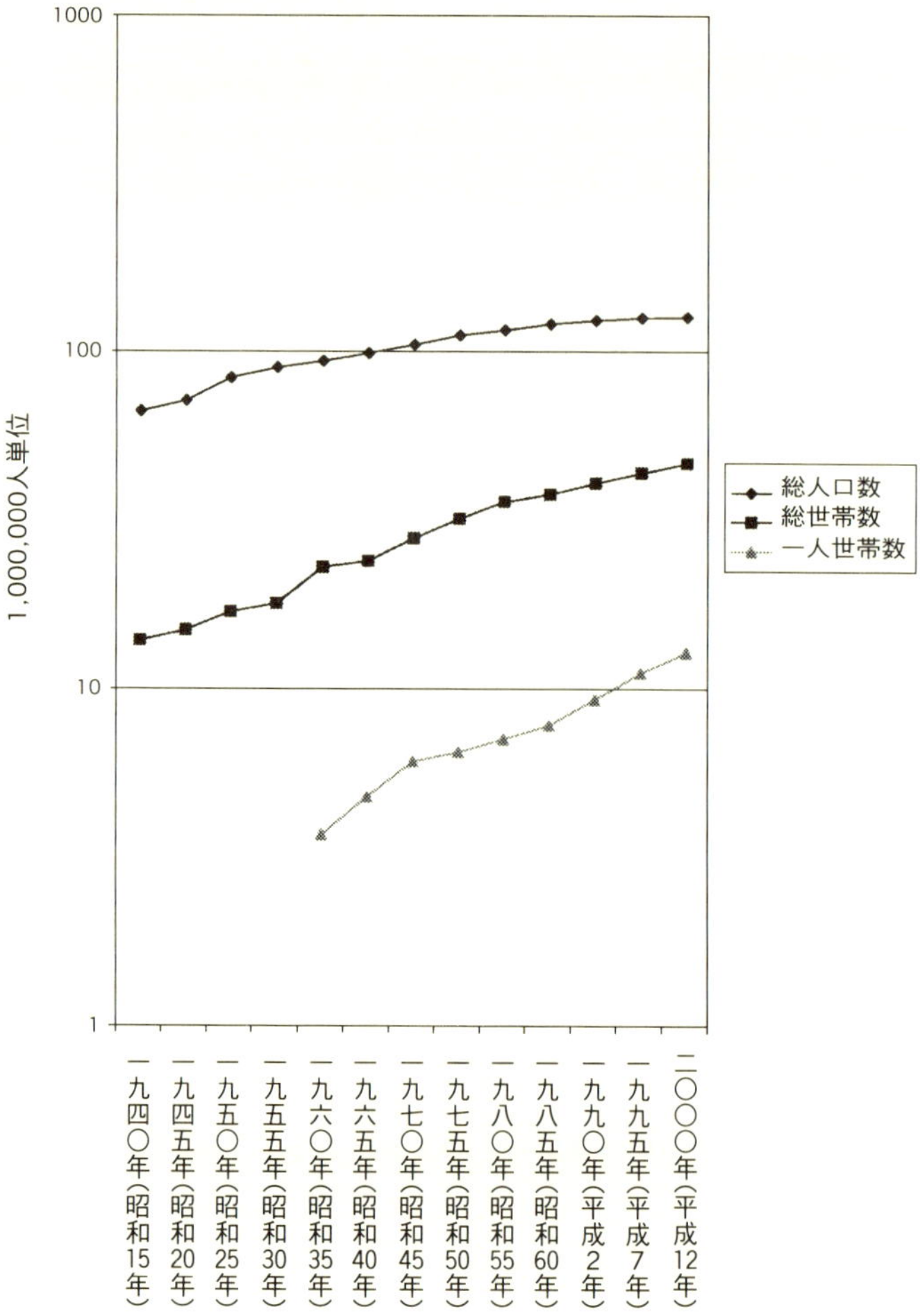
1000
100
10
1
1,000,000人単位
総人口数
総世帯数
一人世帯数
一九四〇年（昭和15年）
一九四五年（昭和20年）
一九五〇年（昭和25年）
一九五五年（昭和30年）
一九六〇年（昭和35年）
一九六五年（昭和40年）
一九七〇年（昭和45年）
一九七五年（昭和50年）
一九八〇年（昭和55年）
一九八五年（昭和60年）
一九九〇年（平成2年）
一九九五年（平成7年）
二〇〇〇年（平成12年）

これらの推移は、さきにみたように、敗戦後の日本の民主化をはかるアメリカ進駐軍の施策であり、基本的人権の尊重を基調とする「日本国憲法」（昭和二十一年十一月三日公布、翌二十二年五月三日実施）によって、家族社会が家長を中心とする大家族から、個人を中心にする核家族へと変化したことを意味する。

この変化によって、「家の宗教」によって維持されていた大家族の棲み分けによる地域社会のつながりや、家族のつながりまでも崩壊し、それまで先祖をまつることで維持されていた宗教的な機能もいっしょに失われ、僧侶や寺院には、形骸化した葬儀法要のニーズだけが残ったのである。

つまり、このような大家族から核家族への社会的な変化によって、それまで「家の宗教」が補償していた宗教的な機能が失われ、核家族のなかに生きる人びとは、誰もが経験する個人の苦しみをしっかりと支え、そこに生きる意味を与えてくれるであろう「個人の宗教」を探しはじめた。これが戦後に「雨後の筍」のように出現した新興宗教の勃興の要因であり、このような「個人の宗教」を求める動きが、現在の新興宗教（新宗教、新新宗教）へとつながっているのである。

○宗教的な親和性について

いま「個人の宗教」を探しはじめたといったが、これは「社会における宗教のニーズ」のことである。オウム真理教の犯罪性については、すでにマスコミなどによって世間の知るところであり、あれほど悪い宗教というレッテルが貼られていても、まだそこに入信するヒトがいる。一度解散させられた組織であるにもかかわらず、すでに出家信者が一〇〇〇人を超えるという。このようにいくら「悪い宗教だからやめなさい」といわれていても入信してしまうという宗教現象は、世間の識者たちからみれば、まったく理解できないことである。しかし、ここに宗教の機能的な側面が見えてくる。これを理解しないと「社会における宗教のニーズ」はわからない。

これを理解するには、「悪い宗教だからやめなさい」と説明され、解釈され、説得されても、なぜその宗教に入信してしまうかを明らかにすることが先決である。くり返しになるが、ごく簡単に新興宗教への入信の背景を説明しておこう。入信者は教義、教学を信じているから入信しているのではなく、彼らにとってその宗教の組織は、自分の生まれ育った家庭環境より居心地がよいのである。父親や母親、場合によっては夫や妻といるより、そこに居心地のよさを感じている。家族といるよりそこにいたほうが安心するという状況が、その宗教組織のなかにあるのである。

ここで、社会的にいろいろと問題をかもし出している「K会」入信者の実際の資料を参考にして、入信にいたる経過を説明しよう。まず入信した子どもの両親やその家族からの、うちの子どもを「K会」から脱会させてください、という訴えから始まる。私の知るかぎりでは、これまで当の本人が「私を脱会させてください、なんとかしてください」という依頼は一度もない。必ず両親なり、家族が来て「うちの子ども（夫や妻）をなんとかしてください」というところから始まる。なぜなら、本人はどっぷり浸っており、両親や家族といるよりも、その宗教組織が提供する環境を居心地がよいと感じているために、自分から「脱会させてください」とはけっしていわないからである。

しかし、両親や家族からすれば、何か変な宗教にかかわって、自分たち家族の意見などには耳をかさずに、勝手なふるまいをしているので、なんとか脱会させたいと思う心情はわかる。そこで家族がそろって「その宗教はこんなに悪い」と脱会させようと説得が始まると、家庭内では今までよりもっと居場所がなくなり、ますます深みにはまって逆効果になる。

その子どもを脱会させるためには、いろいろなケースがあるが、さきに本人をつかまえて説得するのではなく、逆に両親と子どもの関係を改善させるようにすることである。すると、その宗教から脱会しろなどと説得しなくとも、徐々に家にいる時間が延びて、やがて家に帰ってくる。そういうことが実際の事例で起きている。つまり、いろいろと問題のある宗教に入信してしまうヒトは、すでに入信以前に家庭のなかに居場所がなかったのである。世間一般からすれば、悪い宗教が善良なヒトを、巧妙な手口でだまし入信させているように思われているが、実際には入信してしまうヒトが、その宗教へと無防備に近寄ってだまされるようにふるまっているのである。なんとなくその宗教に入信すると、居場所ができて自分が自分らしく生き生きできると感じてしまうのである。

この事実をデータで示すと、次のようになる。これは「K会」に入信した子どもの両親十三組の心理テスト・データである。なかなか本人が自分から脱会したいといわないので、両親に心理テストを実施した。すると、やはりその子どもが悪い宗教にかかわる以前から、家庭のなかで両親の間でおぼれていたという事実がよくわかる。では、どのようにおぼれていたのかといえば、次のデータがそれである。

「K会入信者の両親に対する心理テスト（東大式エゴグラム）の集計結果」

実施数：入信者一三人の両親（二六人に実施）

- 母親の母性性が高得点：一一人
- 父親の母性性が高得点：　四人
- 父親の父性性が高得点：　五人

これを解説すると、母性性が非常に強い両親が一五人、もう一つは父性性が強い父親が五人である。簡単にいえば、母性性が強いというのは高癒着と過干渉の関係が考えられ、子どもとの距離が近すぎていつも子どもをかかえている状況である。父性性が強いというのは物事の是非の判断、良いか悪いかにこだわりやすい人のことである。普通の数字ではこんな高い数字は出てこない。つまり、母性性が強すぎたり、父性性が強すぎる両親二〇人にみられる過干渉、高癒着、是非にこだわる反応によって、子どもたちは入信する以前から家庭のなかで両親との家庭環境で生み出される緊張感に耐えきれずに、パニックになり挫折を経験し、家庭のなかであっても不安定で孤立していたことをうかがい知ることができる。

そういった家庭環境のなかで不安定になった子どもが、「K会」にかかわってゆく状況が見えてくる。不安定だから宗教関係のものに飛びつきやすい。このようなパターンは、「K会」への入信問題ばかりでなく、オウム真理教の問題を含めて同じようなパターンがみられる。これに少し心理学的な解説をつけ加えれば、家庭環境のなかで不安定になったり、悩みをかかえこんでいるヒトは宗教に親和性が高いという事実が、ここに現われているということである。

実は、このように悩みをかかえ込んでいるヒトが、宗教などに関連する特殊なグループ（能力開発や自己啓発セミナー、ねずみ講などの類似組織や健康食品や健康グッズの販売組織など）にかかわりやすいということは、精神医学の分野では以前から知られていたことである。筑波大学の名誉教授で医学博士の小田晋先生と、次のような話をしたことがある。先生は「日本のお寺さんというのは、伝統的な文化遺産があるから、今までつづいてきたと思う?」といいながら、精神科医の仕事というのは、本来は宗教者のする仕事の一部分を医師が分担してやっているだけだから、日本全国の寺院が一日に一時間でも門を開いて、「悩んでいるヒトの話を聞きますよ」という環境ができあがったら、おそらく日本の精神科の受診率は半分くらいに減るだろうという。

また、精神的な問題をかかえているヒトにとって、精神科医が何もいわなくても、白衣を着てそこに座っているだけでも、胡散臭いやつだとみんな思っている。身体の具合が悪いときに「先生、ここが具合が悪いから治してくれ」ということはできるが、精神的につらい状況下にあっても、「心が具合悪いから治してください」とはなかなかいえないのである。

そのような意味では、悩みをかかえたヒトは寺院のもっている宗教的な雰囲気のなかで、僧侶の袈裟や衣の力にすがって救われると思う、というのである。つまり、寺院というのは地域社会の心の安全弁として、精神的な支えとして機能しているのではないのか、と話されたのである(一九九四年、南カリフォルニア大学日本校夏期講座)。

この小田博士のいう、寺院や僧侶が「地域社会の心の安全弁」として精神的な支えとして機能していたのではないか、という指摘を裏づけるデータがここにある。それは平成元年から一〇年間、宗教法人蓮重寺の運営する「悩みごと相談室」で、相談にきたおよそ五五九名に実施した心理テストのデータである。このデータを整理すると、寺に悩みごとで訪れた人びと五五九人のなかでおよそ七割以上に相当する四二四人が、神経症ないしは神経症の領域にあり、病気ではないが神経的に疲れていることが確認できたのである。

一般的には、神経症ないし神経症の領域に相当する人びとの平均的な割合はおよそ四割未満で、それが七割以上という数字はかなり高い数字になる。つまり、さきほどの小田先生の指摘のように、人間というのは自分が弱ったときに、宗教的なものにかかわって癒されたい、救われたいという本能的な欲求をもっているということが、データから読み取ることができる。ヒトは神経的に疲れているとき、また弱っているときには、宗教的に癒され救われたいという本能的な欲求がはたらく。そこには宗教的な親和性があるということなのである。

現代社会にはいろいろな宗教や、自己啓発セミナーなどの特殊なグループが、生まれては消え、消えては生まれているが、その宗教などのある特殊なグループにかかわって行くヒトの、その心の裏側を開いてみると、癒されたい救われたい、新しい自分に生まれ変わりたいという変身願望などをいだいていることがわかる。そこには宗教的な親和性というものがはたらいているといえるのである。

これでご理解いただけただろうか。さきには誰もが経験する個人の苦しみをしっかりと支え、そこに生きる意味を与えてくれるであろう「個人の宗教」といい、「社会における宗教のニーズ」といい、また宗教の機能的な側面ともいったが、これはまさにこの宗教的な親和性を補償することなのである。実は、このエピローグでながながと解説してきたことは、宗教的な感性の社会的な位置づけである。

これまで、このような宗教的な感性という切り口から、宗教とは何か、信仰とは何かを考えてこなかったために、現代社会では信仰するということが「ねえ、あの人なにか信心しているのですって？」と、信仰することが怪しいことでもしているかのように卑しめられているのである。

本書で述べてきたことは、仏教を宗教として正しく理解するためのコンセプトである。体験として提示されてきた仏教を体験のままに理解する、思想信条という観念ではなく、そこに身体性を付加して、心身の両面から全人的にわかってほしいというものである。

○最後の最後に

本書を終えるにあたり、そのような宗教的な感性を社会的に位置づける具体的な方策についてふれておきたい。それは、さきに「個人の宗教」や「社会における宗教のニーズ」といったことで、社会的には宗教的な親和性を補償することである。しかし、いままで多くの仏教学者や宗教学者がこのような宗教的な親和性について論じ、宗教情操の獲得が急務だと力説してきたが、社会的にはいっこうに具体化されなかった。

その理由は簡単である。仏教学者や宗教学者は仏教を観念的な思想信条によって解説することはできても、仏教そのものの宗教的な感性を伝えることができないからである。では、それを伝えるためには何が必要かといえば、それは自分自身の身において宗教的な親和性を補償していることである。仏教的にいえば導師のことである。導師といってしまうと、オウム真理教の事件以降なんともいかがわしく聞こえるが、僧侶一般を思い浮かべていただければいい。少なくとも学者先生ではない。

もともと僧侶(samgha)とは、自分自身の身において宗教的な親和性を補償するために、出家して世俗をすて仏道修行に精進するから、そう呼ばれる。さきに伝統教団の危機的な状況について指摘したが、それでも世間一般のヒトと比すれば仏教のエキスパートで、知識的にはもちろんのこと、とくに宗教的な感性にいたっては仏道修行によって充分に磨かれているはずである。

ただ現在の僧侶や寺院の視線が、家族制度そのままの「家の宗教」に固執して、核家族化した社会で生きる人びとの個としての苦しみにそそがれていないために、宗教的な親和性が補償されていないだけである。この補償とは、さきに布教教化は人間関係そのものであるといったように、その関係が一方通行の破綻した関係ではなく、ブロードバンドのようにメガ・バイト単位で双方通行の関係になることが急務だということである。宗教的な感性を伝えることは、布教教化であり人間関係そのものだから、現代の僧侶がアンデルセンの童話の『裸の王様』ではないが、「裸の僧侶」であっては困るということである。まず世間にどう見られているか、もし自分が裸であることに気づけば、その恥ずかしさによって宗教的な親和性や宗教的な感性が高まり、当然のように布教教化が機能（抜苦与楽）するようになるはずである。

こんなことを言うのは心苦しいが、宗教的な親和性を補償することは特別のことではなく、僧侶自身が「誰もが経験する個人の苦しみをしっかりと支え、そこに生きる意味を与えてくれる自分の宗教を再認識することだ」と言いたい。以前読んだヒンドゥー教の聖典『バガヴァッド・ギーター』には、まことに平易な言葉で「実践されていない教えは、説く価値のない教えである」との戒めがあったことを記憶している。この言葉は、みなさんにはどのように聞こえるだろうか。私には、現代の僧侶にとって当身《とうしん》の大事のように聞こえる。しかし、こう言ってしまうと「それは外道の聖典だろう」との反論が聞こえてきそうなので、最後に日蓮宗の僧侶として日蓮聖人の指南を仰いでおこう。この書は『如来滅後五五百歳始観心本尊抄』（お釈迦さまが亡くなられてから五の五百歳に、始めてあらわされた観心と本尊の注釈書）と、長い題名のつけられた「日蓮聖人の心の探究法」である。

「なぜ修行（観心）するかといえば、それは自分自身の心（己心）を観じて、地獄界から仏界（十法界）のあること知る必要があるからだ。当然のことだが、他人の粗《あら》ばかりを探していても、自分の姿は見えない。自分の姿を知りたければ、明鏡に自分の姿を映してみることが必要だ。これと同じように、お経文の所々にあなたは菩薩だ、仏だと記述されているが、法華経並びに天台大師所述の摩訶止観等の明鏡に自分を映して、確かに私の心に菩薩界や仏界があると気づかなければ意味がないのだ。（『観心本尊鈔』意訳）」（観心之心如何。答曰観心者観我己心見十方界。是云観心也。譬如雖見他人六根未自面六根不見自具六根。向明鏡之時始見自具六根。設諸経之中所々雖載六道並四聖。不見法華経並天台大師所述摩訶止観等明鏡。不知自具十界百界千如一念三千也。）（『昭和定本』第一巻、七〇四頁）

日蓮聖人の言わんとするところは「知識的に知っていることと、具体的に気づくことの違い」である。まさに「お題目の明鏡に自分の姿を映して（観心）何が見えるか」、「実践されていない教えは、説く価値のない教えである」ということを言っているのである。

いま、仏教そのものの宗教的な感性を伝えるためには、とくに僧侶が自分自身の身において宗教的な親和性を補償することである。僧侶が自身が個としての自分の苦しみをしっかりと見つめ、そこに生きる意味を与えてくれる仏教の教えを追体験することである。それはまさに

「明鏡に自分の姿を映すこと」（観心）そのものであると結語して、本書を終えよう。

〔追記〕 本書の校正が終わろうかというころになって、アーレフ（旧オウム真理教）の動きが慌ただしくなった。昨年、麻原こと松本智津夫被告の死刑が確定したが、これを機にアーレフの代表である上祐史浩は、年内にもアーレフから独立して新教団を設立しようというのである。

昨年五月のゴールデンウイークに修行会が実施されたころには、七月までには財政や施設などを分離して新教団が設立されるという話は流れていた。しかし、それも教祖麻原被告の裁判のごたごたでそれどころではなかったようすだが、新年早々に本年中旬までには新教団設立かと報道され、いよいよ始まったかという思いで報道を聞いた。

もともと上祐を中心とする代表派は、麻原を外して旧オウム色を脱却することで教団の活路を見いだそうとしていたが、教団の大多数を占める主流派は麻原への「帰依」を鮮明に打ち出しているため、教祖の死刑が確定した現在、上祐は主流派の信者が不測の事態を起こすことで、再生しつつある教団が再び社会的に葬られる前に独立しようという意図がみえる。おそらく報道のように、教祖麻原への決別宣言を踏み絵にして独立するのだろう。

プロローグで指摘したように、まさにオウム真理教の事件は、日本人のもっていた宗教的なことはなんでもありがたく尊いという、そういう気分が崩れた分岐点なのである。現代人の宗教に対する感覚は、その教義において他者を否定して自分が正しいという主張で終わる。「あの人の読んでいるお経より、このお経が正しく功徳がある」というように、常に教義批判によって他者を否定するところから始まるのである。これが高じて、オウム真理教の場合は、「唯一絶対の教祖が指示をすればなんでもあり」という極端に共有性や情緒性を無視したものになっている。

たとえば、その教えが教義的にどんなに正しくても、その教えを説くヒトがどのような日常生活を送っているか、というごく当たり前のことが抜け落ちてしまっているのである。現代の日本人は、どこかで宗教的な感覚がずれているのである。本書で解説したように、修行法によって誘導される変性意識状態は、意識を内面化することにほかならない。これをごく簡単にいってしまえば、修行法とはまさに自分自身の心の探究法そのものである。

自分の心を内面化させ、これは地獄のように危ない心の反応だ、これは神や仏のように崇高な心だと、その心を探究した結果、悟ったヒトは「私は最終解脱者である」とはいわない。なぜなら、自分が内面化されているから、優れているとか劣っているという外界の価値観によって自分を誇示する必要がないからである。まさに「能ある鷹は爪を隠す」の故事そのものである。

ここで麻原の説いたヴァジュラ・ヤーナの問題を指摘すれば、『天台小止観』の第一章「縁を具えよ」に相応することが実践されていなかったということである。具体的には、一「持戒清浄なれ」、二「衣食を具足せよ」、三「静処に閑居せよ」、四「諸の縁務を息《や》めよ」、五「善知識（善き師匠）に近づけ」の実際が遵守されていなかったために、魔境へと落ちこんでしまったのである。

これはヒトの心象が大きく関係するところで、本書は修行法の生理心理学的な特徴を明らかにすることを中心課題としているため、『天台小止観』第八章「魔事を覚智せよ」についてあえて論及しなかったが、実はここには修行法の心理療法としての功罪にかかわる重要な問題が隠されているのである。

一言ふれておけば、修行の目的がいずこにあるか、五感の欲に引っぱられたまま修行が進化すれば、止観業によって三昧の状態に誘導されても、その修行者の意識は内面化されずに霊感や霊能という魔境へと陥ってしまうということである。

なぜなら、第一章「縁を具えよ」の「持戒清浄なれ」は、修行を始める前の助走のようなものであるが、この助走を軽んずると魔境へと落ちこんでしまう。修行者が修行の前段として「持戒清浄」に徹しようとすると、心のなかでは自己が相対化（vijñāna 識別）され、観ている自分と観られている自分との関係ができあがる。これが意識の内面化である。この内面化のなかで宗教的な感性が養われはじめるのである。そこでそれらの条件をクリアーできた段階で、止観業の実習によって三昧の状態に誘導されたとき、意識の内面化は極まり真の自己と出会うことになる。私が修行法を心の探究といったのは、このことなのである。これについては、新たに稿を起こして論じてみたいと思う。

あとがき——謝辞

本書を刊行するにあたり、たいへん多くの方々にご指導いただいたことを記しておきたい。まず本書の中心課題となっている修行論の『天台小止観』との出会いは、わが師前馬教雄上人(日蓮宗釈迦寺前住職)の「この指南書は僧侶の立ち居振る舞いの基本です」の言葉からである。師は若い時分に肺結核を病み、止観の瞑想によって病苦を克服したほどの実践者である。私が仏教学専攻の学徒であることを知る師は、僧侶として宗教的な感性を養えよと導いてくださったのである。ここから、私の修行といえる修行の第一歩が始まった。

また、伝統教団の伝承ごとに連なる宗教体験を得た遠壽院荒行堂では、故人となった戸田日輝上人(第三十四世遠壽院住職伝師)から、伝統修行の基本である加行次第の相伝を受け、修行による宗教体験の意義を深めていただいた。

さらに本書で、新しい試みである修行法の生理心理学的な研究や、気の生理学にもとづく身体論による研究ができたのは、本山博先生(カリフォルニア州公認、現カリフォルニア人間科学大学院大学学長)のご指導のたまものである。玉光神社の宮司でもある先生は、伝承にもとづく宗教体験の重要性を説き、宗教の科学的な研究のあいまにも「宗教者はしっかりと修行に励め」と私たちを叱咤激励してくださった。先生の薫陶によって、私の宗教的な観念と身体性がつながったのである。

最後になったが、この出版を快くお引き受けくださった国書刊行会佐藤今朝夫社長、また私のつたない文章の校正を担当しご尽力くださった編集の畑中茂氏に、深く感謝し御礼申し上げたい。

平成十九年正月

影山　教俊

著者紹介
影山 教俊（かげやま　きょうしゅん）

1951年　東京生まれ
1976年　立正大学仏教学部仏教学科卒業
1979年　立正大学大学院文学部修士課程仏教学専攻科修了
1994年　南カリフォルニア大学大学院日本校博士課程人間行動学科修了
同　年　博士論文「『天台小止観』の心理学的、生理学的研究」にて米国カリフォルニア州公認カリフォルニア大学学位記「人間行動科学博士（Ph.D）授与
1997年　日蓮門下祈禱根本道場遠壽院大荒行堂第五行成満
現　在　日蓮門下祈禱根本道場遠壽院大荒行堂副伝師・日蓮宗嗣学・日蓮宗現代宗教研究所顧問・日蓮宗教誨師・社会福祉法人立正福祉会「すこやか家庭児童相談室」室長・仏教瞑想道場主幹・本山《もとやま》人間科学大学院講師（瞑想心理学）
著　書　『日蓮宗とは何か　日蓮宗加行所をめぐる戦後60年の光と影』（国書刊行会）
現住所　千葉県鴨川市貝渚2929　〒296-0004
URL: http//homepage2.nifty.com/muni/
E-mail: gef02653@nifty.ne.jp

仏教《ぶっきょう》の身体技法《しんたいぎほう》　止観《しかん》と心理療法《しんりりょうほう》、仏教医学《ぶっきょういがく》　ISBN978-4-336-04838-7

平成19年２月20日　初版第１刷発行

著　者　影　山　教　俊
発行者　佐　藤　今　朝　夫

〒174-0056 東京都板橋区志村1-13-15
発行所　株式会社　国　書　刊　行　会
電話 03(5970)7421　FAX 03(5970)7427
E-mail: info@kokusho.co.jp　URL: http://www.kokusho.co.jp

落丁本・乱丁本はお取替えいたします。　印刷 ㈱エーヴィスシステムズ　製本 ㈱ブックアート

遠壽院水行堂